Udo Haeske

Erfolgreich telefonieren im Beruf

Informieren, beraten, überzeugen

Beltz Verlag · Weinheim und Basel

Udo Haeske, Jg. 1967, Diplompsychologe, ist ausgebildeter Gruppendynamiker und arbeitet seit vielen Jahren als freiberuflicher Trainer und Berater in der Personalentwicklung und Personalauswahl.

Bildnachweis:
Ulrike Rath: Seite 11, 17, 22, 23, 24, 27, 28, 29, 31, 32, 33, 34, 36, 48, 68, 69, 70, 73, 74, 75, 105, 203 sowie alle Randspalten-Symbole
Erich Rauschenbach/Baaske Cartoons: Seite 5, 9, 61
Morris/Baaske Cartoons: Seite 5, 21
Erik Liebermann/Baaske Cartoons: Seite 5, 6, 35, 135, 179
Oswald Huber/Baaske Cartoons: Seite 5, 77
Karl Gerd Striepecke/Baaske Cartoons: Seite 6, 99, 149
Klaus Puth/Baaske Cartoons: Seite 6, 171
Karl-Heinz Brecheis/Baaske Cartoons: Seite 6, 183
Björn Holm/Baaske Cartoons: Seite 99

Alle Rechte, insbesondere das Recht der Vervielfältigung und Verbreitung sowie der Übersetzung, vorbehalten. Kein Teil des Werkes darf in irgendeiner Form (durch Fotokopie, Mikrofilm oder ein anderes Verfahren) ohne schriftliche Genehmigung des Verlages reproduziert oder unter Verwendung elektronischer Systeme verarbeitet, vervielfältigt oder verbreitet werden.

Besuchen Sie uns im Internet: http://www.beltz.de
Gesetzt nach den neuen Rechtschreibregeln
Lektorat: Ingeborg Sachsenmeier

© 1999 Beltz Verlag · Weinheim und Basel
Herstellung: Klaus Kaltenberg
Satz: Satz- und Reprotechnik GmbH, Hemsbach
Druck: Druckhaus Beltz, Hemsbach
Umschlaggestaltung: Bernhard Zerwann, Bad Dürkheim
Printed in Germany

ISBN 3-407-36352-4

Haeske · Erfolgreich telefonieren im Beruf

Konzept und Beratung der Reihe Beltz Weiterbildung:

Prof. Dr. *Karlheinz A. Geißler*, Schlechinger Weg 13, D-81669 München.
Prof. Dr. *Bernd Weidenmann*, Weidmoosweg 5, D-83626 Valley.

Inhaltsverzeichnis

Vorwort 7

Kapitel 1
Besonderheiten der Telefonkommunikation 9

Einführung. 10
Telefonkommunikation unter der Lupe. 13
Axiome der Telefonkommunikation 17

Kapitel 2
Bausteine erfolgreicher Telefonkommunikation 21

Das Geheimnis erfolgreicher Telefonate. 22

Kapitel 3
Telefonate besser verstehen. 35

Mehr verstehen auf der inhaltlichen Ebene 36
Meinen und verstehen sind zwei Paar Schuhe 38
Zuhör-Techniken. 51
Hauptstraßen, Nebenstraßen, Kreisverkehr 56

Kapitel 4
Typgerecht telefonieren. 61

Die eigene Telefonpersönlichkeit besser einsetzen 62
Die Wirkung der unterschiedlichen Telefontypen. 66
Eigene Kompetenz erkennen und das eigene Repertoire erweitern 72

Kapitel 5
Die Informationsfilter des Gesprächspartners erkennen ... 77

Flexibel auf Gesprächspartner reagieren 78
Die Informationsfilter 81

Kapitel 6
Die besondere Bedeutung der Stimme am Telefon 99

Die Bedeutsamkeit der Stimme. 100
Die Qualität der Stimme verbessern 103
Mentales Training am Telefon 111
Wie Sie selbstsicher und kompetent wirken 123

Kapitel 7
Positive Telefonrhetorik 135

Optimismus und Zuversicht 137
Kundenorientiert und freundlich wirken. 143

Kapitel 8
Arbeitsmethoden und Arbeitsplatzgestaltung 149

Telefonzeiten organisieren 150
Telefonate organisieren 153
Die Zusammenarbeit mit Kolleginnen und Kollegen organisieren 162
Organisation des Arbeitsumfeldes 163

Kapitel 9
Strategien für schwierige Telefonate 171

Schwierige Gespräche durchführen 172
Beraten am Telefon 176
Anregungen zur Kundenorientierung 180

Kapitel 10
Stressbewältigung für Vieltelefonierer 183

Umgang mit Stress. 184
Stressauslöser im Beruf und im Privatleben. 186
Die Rolle der Persönlichkeit bei Stressentstehung und Stressbewältigung . 192
Erlernte Verhaltensstrategien 195
Strategien gegen den Stress 198

Schlusswort 204

Vorwort

Der Kanadier Bell, der Franzose Bourseul, der Deutsche Reis und der Amerikaner Gray waren es, die um 1850 gleichzeitig und unabhängig voneinander alles daransetzten, die gleiche Erfindung zu machen. Ihr Ziel war es, größte Distanzen zwischen Menschen zu überbrücken, um sie miteinander ins Gespräch zu bringen. Sie arbeiteten alle – zum Teil ohne voneinander zu wissen – an dem, was wir heute Telefon nennen, und waren damit Visionäre des Kommunikationszeitalters, in dem wir uns heute befinden.

Die Visionäre des Kommunikationszeitalters

Die Zeiten der Entstehung des Telefons liegen genau genommen noch gar nicht so lange zurück, wenn man bedenkt, wie unentbehrlich das Telefon mittlerweile für uns geworden ist: Nicht nur, dass das Telefon bei uns fester Bestandteil fast jeden Haushaltes ist, dass ein Leben ohne Mobiltelefon vielen schon undenkbar erscheint, Faxgerät und E-Mail Varianten desselben darstellen. Viele Menschen leben davon, dass sie die Technik bedienen, die das Ergebnis der Vision war, Kommunikation ungeachtet der Entfernung zweier Menschen zu erlauben.

Beinahe ein Telefon pro Haushalt

Die Technik ist vorhanden, die Menschen bedienen sie und der Traum ist verwirklicht – oder doch nicht? Manchmal mag man seine Zweifel haben. Das Telefon alleine macht noch nicht das gute Telefonat. Dazu braucht es mehr, nämlich gelungene Kommunikation. Und das ist das Thema, um das es in diesem Buch geht.

Das Buch bietet Ihnen Hilfen, Ihre Telefonate zielgerichteter und erfolgreicher zu führen. Damit richtet es sich in erster Linie an alle, die beruflich viel telefonieren und die Telefongespräche professioneller führen möchten. Mitarbeiter an Service-Hotlines, im Sekretariat, im Call Center, an Telefonzentralen, Berater oder Selbstständige werden sich wahrscheinlich angesprochen fühlen.

Telefonate professioneller führen

Und wie ist es mit Ihnen? Telefonieren Sie beruflich nicht auch viel? Wirken Sie kompetent am Telefon? Welcher Telefontyp sind Sie? Wissen Sie, worauf Sie bei Ihrem Gesprächspartner achten können, um einen möglichst guten Gesprächskontakt herzustellen? Wie gehen Sie mit Dauerrednern um? Nutzen Sie das Telefon bestmöglich? Steuern Sie Ihre Telefonate? Oder werden Sie gesteuert?

Schöpfen Sie das Potenzial Ihrer Stimme optimal aus? Wissen Sie, worauf Sie bei konfliktreichen Telefonaten achten sollten? Wie wirkt man kundenorientiert? Wie können Sie besser mit den besonderen Belastungen umgehen, die das Telefon verursacht?

Vielleicht machen Sie die Fragen neugierig oder nachdenklich. In diesem Buch erhalten Sie Antworten, machbare und konkrete Verhaltenstipps, die Sie unmittelbar am Telefon umsetzen können.

Telefonarbeit optimieren

In den einzelnen Kapiteln wird ein weites Spektrum all dessen angesprochen, wie Sie Ihre Telefonarbeit optimieren können. Dabei konzentriert sich ein großer Bereich darauf, Ihnen Hilfen zu geben, die ausschließlich akustischen Informationen gezielter zu analysieren. Dazu lernen Sie ein Kommunikationsmodell für das Telefon kennen. Sie trainieren Ihre Stimme und Ihre rhetorischen Kompetenzen, womit Sie Ihre Wirkung am Telefon dramatisch verbessern werden. Sie erfahren etwas über die Organisation der Telefonarbeit und darüber, wie Sie Belastungen bei der Telefonarbeit vermeiden können.

Bei vielen Inhalten dieses Buches handelt es sich um Anregungen und Erfahrungen anderer Menschen. Durch ihre Offenheit und ihr Entgegenkommen war es möglich, tiefe Einblicke in ihre berufliche Arbeit zu erhalten. Dafür möchte ich allen gleichermaßen danken, mit denen ich in Seminaren, Beratungen und in Gesprächen zusammenarbeiten durfte.

Ein besonderer Dank geht an meine Lebensgefährtin für ihre Unterstützung. Auch Frau Sachsenmeier vom Beltz Verlag möchte ich für die netten und kompetenten Telefonate, ihre konstruktiven Anregungen und für ihre Nachsicht während der Entstehung des Buches danken!

Ich würde mich freuen, wenn die Leserinnen mir nachsehen, dass ich mich dafür entschieden habe, der Konvention zu folgen und vorwiegend die männliche Form zu benutzen. Danke für Ihr Verständnis!

Bielefeld, Mai 1999   *Udo Haeske*

Kapitel 1
Besonderheiten der Telefonkommunikation

Einführung

Stellen Sie sich zunächst einmal folgende Situation vor:

Sie möchten etwas für Ihre Altersvorsorge tun, deshalb benötigen Sie eine qualifizierte Beratung. Im Gespräch mit Kollegen wurde Ihnen eine Organisation mehrfach als kompetent, vertrauensvoll und kundenorientiert empfohlen. Sie entschließen sich diese aufzusuchen.

Sie befinden sich nun im Büro eines der Berater. Sie sitzen sich an seinem Schreibtisch einander gegenüber. Sie schildern Ihr Anliegen. Der Berater schweigt, nickt aufmerksam und notiert das eine oder andere. Sie stellen Fragen. Er beantwortet diese. Wenn er sieht, dass Sie überlegen, fragt er nach, ob etwas unklar sei. Das gefällt Ihnen, denn Sie spüren, dass er sich auf Sie einstellt. In den Phasen, in denen Sie sprechen, sieht er Sie schweigend und sehr aufmerksam an. Bevor er Ihre Fragen beantwortet, denkt er manchmal eine Weile nach, schaut in seinen Computer, tippt etwas ein und gibt Ihnen dann präzise Antworten. Insgesamt verhält er sich eher ruhig. Was er sagt, klingt dann präzise und durchdacht. Eigentlich wirkt er etwas distanziert, aber sein Lächeln und sein zuvorkommendes Verhalten lassen ihn sehr verbindlich erscheinen.

Im Laufe des Gesprächs kommt der Punkt, an dem er vorschlägt, Besprochenes festzuhalten. Sie sehen, dass er aufsteht und nach etwas sucht. Sie nehmen an, dass es ein Formular ist. Sie können beobachten, dass er erfolglos im Schrank nachschaut, das kurze Achselzucken in Ihre Richtung lässt Sie vermuten, dass das gesuchte Formular ausgegangen ist. Er geht zu einem anderen Schrank im Büro. Sie sehen, dass er dort ein Blatt aus einem Ordner entnimmt. Aus dieser Entfernung deutet der Berater Ihnen an, dass er das Blatt mal eben kopieren muss.

In der Zwischenzeit blicken Sie im Büro umher, nehmen Verschiedenes wahr und warten geduldig. Der Berater kehrt zurück, tritt mit einer höflichen Entschuldigung wegen der Verzögerung ins Büro und ...

Soweit die Szene.

Wahrscheinlich haben Sie die beschriebene Szene jetzt gut vor Augen. Weil sie so alltäglich ist, eignet sie sich hervorragend, die Besonderheiten des Telefonierens genau anhand dieser Situation zu verdeutlichen. Vielleicht fragen Sie sich jetzt, was diese Beispielsituation mit dem Telefonieren zu tun hat? Es wird Ihnen sicher gleich verständlich: Versuchen Sie sich auszumalen, wie die obige Szene in einer vergleichbaren Szene am Telefon abgelaufen wäre.

Diesen Unterschied können Sie unmittelbar erleben, wenn Sie die beschriebene Situation einfach erneut lesen – allerdings anders als vorher: Stellen Sie sich vor, dass die Beratungsszene nicht in einem Büro, sondern am Telefon stattfindet. Alle Sätze, in denen beschrieben wird, was die Personen sehen, beobachten oder sonst mit den Augen wahrnehmen, müssen Sie natürlich überlesen. Genau dasselbe machen Sie mit den Sätzen, in denen beschrieben wird, welche Schlüsse die Gesprächspartner aus dem Gesehenen ziehen. Der Grund ist ganz einfach: Wenn man telefoniert, dann fehlen diese Informationen. Lesen Sie die Beispielsituation also mit diesen Einschränkungen und versuchen Sie nachzuvollziehen, wie Sie dieses Telefonat erleben würden.

Beratung im Büro oder am Telefon – es gibt Unterschiede!

Wenn Sie diesen Vergleich durchgeführt haben, werden Sie feststellen, dass diese Szene am Telefon nicht identisch abgelaufen wäre. Die Eindrücke, die beide Gesprächspartner gesammelt hätten, hätten zu ganz anderen Reaktionen und Verhaltensweisen geführt. Vielleicht wäre sogar der Gesamteindruck vom Gesprächspartner völlig anders ausgefallen.

Der Vergleich zweier identischer Situationen am Telefon und von Angesicht zu Angesicht zeigt also die Unterschiede, die wir im Folgenden noch genauer betrachten. Vergegenwärtigen Sie sich, Sie würden ein Beratungsgespräch, wie es oben vorgestellt wurde, am Telefon führen. Welche Fragen über den Gesprächspartner würden Ihnen wohl während des Telefonats durch den Kopf gehen?

Fragen, die während eines Telefonats auftauchen

- Ist mein Gesprächspartner überhaupt der/die richtige?
- Was tut er gerade? Wo ist er gerade?
- Wer verbirgt sich hinter dieser Stimme?
- In Schweigephasen: Wann kommt der wieder? Hat er mich vergessen?
- Habe ich mich verständlich gemacht? Weiß er, worum es geht?

Im direkten Gespräch beantworten sich diese Fragen schnell von alleine. Sie erhalten so viele visuelle Informationen, dass Sie wahrscheinlich von Anfang an wissen, ob es der richtige Gesprächspartner ist. Da Sie auch alle weiteren Handlungen beobachten können, beantworten sich alle Fragen fast von selbst. – Im Telefonat ist das anders. Durch das Fehlen aller sichtbaren Informationen erhalten Sie keine Antworten auf diese Fragen. Deshalb werden diese umso deutlicher bewusst.

Sichtbare Informationen fehlen

Aus zahlreichen Telefonaten kennen Sie sicher das Bedürfnis, die eine oder andere der oben dargestellten Fragen beantwortet zu bekommen. Generell sollten Sie sich diese Fragen gut merken. Denn sie beschäftigen jeden, der mit einer fremden Person telefoniert. Je besser es Ihnen gelingt, den Gesprächspartner zu unterstützen, eine befriedigende Antwort auf diese Fragen zu finden, desto besser ist die Basis für Ihr Gespräch.

Sicher fragen Sie sich: Wie beantwortet man die Fragen, die einen beschäftigen? Wir haben festgestellt: Sichtbare Informationen fehlen. Es wird Ihnen folglich nichts anderes übrig bleiben, als die Antworten aus den Gesprächsbeiträgen und der Art, wie die Person mit Ihnen spricht, zu erschließen.

Zum einen gilt: Ihr Ohr ist am Telefon der einzige Kanal, durch den Sie relevante Informationen aufnehmen können. Es ist also wichtig, sich damit zu beschäftigen, was Sie wahrnehmen können, wenn Sie gut zuhören. Zum anderen sind Ihre Sprache und Ihre Stimme die Transportmittel, mit denen Sie Ihre Informationen, Meinungen und Erfahrungen, übermitteln. Daher ist es von großem Interesse, auf welche Art und Weise Gesprächsziele am besten erreicht werden können.

Telefonkommunikation unter der Lupe

Wenn Sie sich mit jemandem von Angesicht zu Angesicht unterhalten, dann verarbeitet Ihr Gehirn die Vielzahl unterschiedlicher Sinneseindrücke zu einem Gesamteindruck. Was Sie über Ihre Augen, Ohren, Geruchssinn und Berührung erfahren, ergänzt oder widerspricht einander und ist am Ende des langen Prozesses der Informationsverarbeitung kaum mehr in allen Details nachvollziehbar. Einige dieser Sinneseindrücke haben einen stärkeren Einfluss als andere und andere wiederum werden gar nicht berücksichtigt.

Im Telefonat passiert genau das gleiche, mit dem Unterschied, dass das Ohr der einzige Sinneskanal ist, über den man Informationen aufnimmt. Das ist zwar grundsätzlich richtig, aber doch nicht so ganz, denn Sie sehen, riechen und fühlen ja auch beim Telefonieren. Nur ist es eben etwas ganz anderes als im direkten Gespräch. Folgende Unterschiede lassen sich feststellen:

- **Informationen entfallen:** Einige Sinne, wie Sehen, Körperempfinden, Geschmack und Geruch erhalten keine Information von der anderen Seite der Telefonleitung.

    Beispiel: Sie sehen nicht, ob Ihr Gesprächspartner aus einem seriösen Büro oder einem Hinterzimmer anruft.

- **Informationen werden verzerrt:** Wie Informationen am anderen Ende der Telefonleitung verstanden werden, können Sie nicht sehen, deshalb können Sie auch nicht gegensteuern, wenn etwas falsch verstanden wird.

    Beispiel: Ihre Kollegen lachen im Hintergrund. Sie wissen nicht, ob Ihr Kunde befürchtet, in Ihrem Büro wird über Anrufer gelacht.

- **Informationen bleiben unbekannt:** Das, was der Gesprächspartner am anderen Ende sieht oder im Hintergrund hört, wissen Sie nicht. Aber es beeinflusst sein Gesprächsverhalten.

    Beispiel: Ihr Gesprächspartner hat den Lautsprecher angeschaltet, sodass ein Kollege mithört. Sie wissen das nicht, auch nicht, wer der Mithörende ist, und was er mit den Informationen aus dem Telefonat macht.

Die folgende Übersicht zeigt, welche Sinneseindrücke in der beschriebenen Szene wirken und welche Sinneseindrücke in einer vergleichbaren Szene am Telefon Einfluss ausüben. Die Übersicht soll Ihnen verdeutlichen, dass es sich bei einem Telefonat um mehr handelt, als nur um ein »normales Gespräch mit weniger Informationen«. Wenn man sich diese grundsätzlichen Unterschiede einmal bewusst gemacht hat, dann kann man erkennen, dass sich auch Konsequenzen daraus ableiten lassen, die das Kommunikationsverhalten am Telefon betreffen.

Gespräch im Büro des Beraters	Telefongespräch
Sie sehen: ❖ Mimik der Person. ❖ Gesten der Person. ❖ Haltung und Handlungen der Person. ❖ Grafiken, Tabelle, usw. ❖ Äußeres Erscheinungsbild der Person. ❖ Ausstattung des Büros. ❖ Andere Menschen im Büro. ❖ Umgang mit anderen Kunden.	**Sie sehen:** ❖ Die Umgebung, in der sich Ihr eigenes Telefon befindet.
Sie hören: ❖ Worte, die die Person spricht. ❖ Qualität der Stimme. ❖ Hintergrundgeräuschpegel im Büro. ❖ Teile von Beratungsgesprächen. ❖ Andere Kunden.	**Sie hören:** ❖ Worte, die die Person spricht. ❖ Qualität der Stimme. ❖ Einige Hintergrundgeräusche. ❖ Eventuell Geräusche von Gesprächen im Hintergrund. ❖ Hintergrundgeräusche aus Ihrer eigenen Wohnung/Umgebung.
Sie riechen: ❖ Geruch des Büro. ❖ Rasierwasser des Beraters. ❖ Kaffeeduft.	**Sie riechen:** ❖ Die Düfte in Ihrer eigenen Umgebung.
Sie fühlen: ❖ Sessel oder Stuhl, auf dem Sie sitzen. ❖ Atmosphäre im Büro.	**Sie fühlen:** ❖ Das hängt ab, ob und wie Sie beim telefonieren sitzen oder stehen.

Konsequenzen für das Telefonverhalten

Für Telefongespräche gelten also andere Regeln als in Gesprächen von Angesicht zu Angesicht.

Es gelten andere Regeln beim Telefonieren

- Höflichkeitsformen, wie das lächelnde Entgegenkommen und der Händedruck zur Begrüßung sind nicht möglich. Sie müssen andere Höflichkeitsformen betonen, um vergleichbare Effekte zu erzielen wie im Gespräch von Angesicht zu Angesicht.
- Die Beeinflussbarkeit des Gesprächsklimas ist eingeschränkt. Sie können weder eine Tasse Kaffee oder Tee anbieten noch gemeinsam in der bequemen Sitzecke Platz nehmen. Es müssen also auch hier andere Möglichkeiten gefunden und genutzt werden, die das Klima positiv beeinflussen.
- Telefonate finden in einem viel engeren Zeitrahmen statt. Das beschleunigt den Gesprächsverlauf. Ihre Reaktionszeiten verringern sich. Das erzeugt mehr Stress und bringt persönliche Eigenarten stärker zum Vorschein.
- Schweigephasen werden zu Phasen, in denen der Informationsfluss unmittelbar stockt. Deshalb hören Sie am Telefon auch schnell ein »Hallo?«, wenn Sie längere Zeit still sind. Kommentieren Sie also Pausen und längere Sprechunterbrechungen, in denen Sie beispielsweise etwas notieren.
- Telefonate sind anonymer. Deshalb müssen Sie mit extremeren Reaktionen Ihrer Gesprächspartner rechnen. Gleichzeitig verführt diese Anonymität auch Sie zu geringerer Höflichkeit und stärkeren Reaktionen.

Im Telefongespräch bleiben viele Informationen verborgen, die zur Gesprächssteuerung nützlich wären.

Viele Informationen bleiben verborgen

- Man kann nicht sehen, ob der Zeitpunkt des Anrufs günstig oder ungünstig ist. Die offene Frage ist die einzige Möglichkeit, dies herauszufinden.
- Sie können das Interesse des Gesprächspartners an Ihnen nur über die Stimme und die Redebeiträge des anderen erschließen. Mimische Hinweise oder Veränderungen der Körperhaltung bleiben verborgen.
- Beschreibungen und Erklärungen müssen sehr verständlich sein, denn die Möglichkeit, durch Bildmaterial oder Vorführung etwas zu verdeutlichen, entfällt.

- ❖ Im Telefonat können Sie das äußere Erscheinungsbild des Gesprächspartners nicht als Informationsquelle nutzen, um sich einen Eindruck von seiner Person zu machen.
- ❖ Sie können Ihr äußeres Erscheinungsbild nicht zur Beeinflussung des Gesprächspartners einsetzen. Attribute der Männlichkeit und Weiblichkeit, die sich nicht an der Stimme festmachen, bleiben ohne Wirkung.

Unterschiedliche Eindrücke entstehen

Der Eindruck, den Sie im Telefonat erzielen, kann völlig anders sein als der, den Sie erzeugen, wenn Sie Ihrem Gesprächspartner gegenübersitzen.

- ❖ Ihre äußere Erscheinung und Ihre Umgangsformen sind entscheidende Aspekte, anhand derer andere Menschen Sie beurteilen. Ihre Stimme weckt bei Ihrem Gegenüber möglicherweise ganz andere Assoziationen (vgl. Kapitel 6).
- ❖ Weil Telefonate in der Regel kürzer sind als Gespräche von Angesicht zu Angesicht, werden Sie in ihrer Bedeutung unterschätzt und häufig nachlässig gehandhabt. Bedenken Sie aber: Diese nachteilige Wirkung kann auf Sie zurückfallen.

Axiome der Telefonkommunikation

Wenn man die Kommunikation beim Telefonieren genauer betrachten möchte, dann muss man bei allen Unterschieden zur Kommunikation von Angesicht zu Angesicht doch nicht bei einem Wissensstand von Null beginnen. Bei der Betrachtung der Alltagskommunikation haben sich mittlerweile einige Grundannahmen bewährt, die man zum Teil auf die Kommunikation am Telefon übertragen kann. Diese Axiome entsprechen Grundregeln der Kommunikation, und sie gelten auch für Ihre Telefonate. Die hier aufgeführten Annahmen fließen in die Inhalte der folgenden Kapitel ein und werden dort vertieft, auch wenn es nicht gesondert erwähnt wird.

Beim Eisberg sind die entscheidenden sieben Achtel verborgen. Ähnlich verhält es sich am Telefon: die Wirkung der Stimme ist bedeutender als die Wahl der Worte.

Jede Nachricht besteht aus verbalen und nonverbalen Anteilen

Die Telefonstimme ist ausschlaggebend

Ein entscheidendes Merkmal der Telefonkommunikation ist, dass die nonverbalen Anteile der Kommunikation am Telefon sich ausschließlich auf Ihre Telefonstimme beziehen. Deshalb erschließt Ihr Gesprächspartner die Bedeutung dessen, was Sie sagen, ausschließlich aus den Worten, die Sie verwenden und den qualitativen Merkmalen Ihrer Stimme. Alle übrigen Informationsquellen, wie äußere Erscheinung, Haltung und Gesten entfallen. Da der Mensch viel stärker auf die nonverbalen Anteile einer Nachricht reagiert als auf die inhaltlichen, können Sie durch die bewusste Arbeit an Ihrer Telefonstimme Ihre Wirkung enorm verbessern.

Egal was Sie sagen, man hört auch, wie Sie es meinen

Wenn Sie über ein Thema sprechen, teilen Sie etwas Inhaltliches mit. Gleichzeitig vermittelt der Klang Ihrer Stimme ein Gefühl wie Enthusiasmus, Langeweile, Motivation, Freude usw.

Der Klang der Stimme vermittelt Gefühle

Ihr Gesprächspartner wird diesen Teil der Information auch immer auf sich beziehen. Er wird sich einen Eindruck von Ihrer Beziehung zu ihm bilden. Prüfen Sie das an Ihrem eigenen Verhalten: Wenn Sie mit jemandem telefonieren, dann haben Sie stets einen Eindruck, wie gut Sie sich von Ihrem Gesprächspartner behandelt fühlen. Sie bilden sich also ein Urteil über die Beziehungsqualität zwischen Ihnen und Ihrem Gesprächspartner. Genau dasselbe passiert am anderen Ende der Telefonleitung.

Die Gesprächspartner orientieren sich in ihrem Modell der Welt

Persönliche Erfahrungen prägen die Gesprächsfilter

Wenn zwei Menschen miteinander telefonieren, dann tun sie das vor dem Hintergrund unterschiedlicher Lebensgeschichten. Diese sind nie identisch, auch wenn es Überschneidungen gibt. Persönliche und kulturelle Werte und Erfahrungen prägen die Filter, durch die ein Mensch wahrnimmt. Und genau diese Filter bewirken, dass unterschiedliche Menschen ein und dasselbe Ereignis unterschiedlich bewerten und entsprechend anders darauf reagieren.

Wenn aber die gleiche Situation von Menschen unterschiedlich wahrgenommen und beurteilt werden kann, dann mahnt dies zu großer Aufmerksamkeit. Am Telefon können Sie nur aus den Inhalten und dem Klang der Stimme erschließen, wie das, was Sie gesagt haben, verstanden wurde. Genaues Zuhören und Nachfragen stellen die einzige Möglichkeit dar, zu prüfen, ob Sie so verstanden wurden, wie Sie es sich wünschen.

Kommunikation findet permanent statt

Vom Moment der Kontaktaufnahme an liefern Sie am Telefonat fortwährend Informationen, die vom Gesprächspartner interpretiert werden. Unabhängig davon, ob Sie sprechen oder schweigen, wird dies als Information vom Gesprächspartner empfangen und interpretiert.

Insbesondere Schweigephasen sind am Telefon erklärungsbedürftig, weil der Informationsfluss in diesen Phasen vollständig zum Erliegen kommt. Sitzt Ihnen der Gesprächspartner sichtbar gegenüber, dann kann er immer noch beobachten, wie Sie sich verhalten, denn die visuelle Information bleibt erhalten. Ein Gesprächsstopp am Telefon hingegen lässt ihn sofort alleine. Er beginnt zu deuten, was am anderen Ende gerade passiert, und ob überhaupt etwas passiert.

Schweigephasen sollten kommentiert werden

Nutzen Sie dieses Wissen: Kündigen Sie Schweigephasen an oder kommentieren Sie diese, um die Interpretationen Ihres Gesprächspartners zu lenken.

Gutes Hören ist die Voraussetzung für erfolgreiche Telefonate

Wenn man sich erst einmal bewusst geworden ist, dass alle Informationen über die wenigen Sinneskanäle eingehen, die wir haben – was dennoch eine ganze Menge an Information bedeutet – dann wird sehr verständlich, wie unentbehrlich ein gut entwickelter sensorischer Apparat ist. Denn je besser Sie die Informationen hören und wahrnehmen, desto größer sind Ihre Möglichkeiten zu reagieren.

Da die Informationen am Telefon auf den akustischen Bereich begrenzt sind, haben Sie den Vorteil, dass Sie sich allein auf den Ausbau Ihrer Hörfähigkeit konzentrieren können. Nach etwas Übung im bewussteren Hören, werden Sie schon nach kurzer Zeit eine Welt vielfältiger Informationen erschließen. Sie werden erleben, dass Sie an der Qualität der Stimme die Gefühle, Einstellungen und die momentane Befindlichkeit Ihres Gesprächspartners genauso treffend einschätzen können, als säßen Sie ihm gegenüber.

Bewusstes Hören trainieren

Jedes Telefonat ist das Ergebnis beider Gesprächspartner

Beide Gesprächspartner tragen die Verantwortung

Sie reagieren auf die Äußerungen oder das Schweigen des Gesprächspartners, dessen Sprechbeiträge sind gleichermaßen nicht losgelöst von Ihren vorangegangenen Beiträgen. Jede Aktion ist also gleichzeitig Reaktion auf das Verhalten des anderen. Beide Gesprächspartner zusammen verantworten also das, was aus dem gemeinsamen Gespräch am Ende resultiert. Die Verantwortung trägt nicht einer allein.

Diese Haltung erlaubt Ihnen, wertfrei zu untersuchen, welche Reaktionen Sie auf Ihr Gesprächsverhalten bekommen. In kritischen Gesprächssituationen können Sie so außerdem überprüfen, in welchem Maße beide Gesprächspartner dazu beitragen, dass ein Konflikt sich aufschaukelt. So können Sie lernen, das eigene Verhalten entsprechend zu verändern.

Regeln und Rollen bestimmen Telefonate

Wenn Sie mit einer Person telefonieren, dann begegnen Sie dieser Person in der Rolle, die Sie innehaben, zum Beispiel als Call Center Agent, der Fragen zu einem Produkt beantwortet. Gleichzeitig nimmt auch Ihr Gesprächspartner eine Rolle ein, beispielsweise die eines Kunden, der eine Frage stellt. Diese Rollen prägen, welchen Umgang wir voneinander erwarten. Gleichzeitig gibt es bestimmte Regeln, die unseren Umgang miteinander steuern. Zum Beispiel Höflichkeitsregeln, interne Prinzipien, wie lange ein Telefonat mit einem Kunden geführt werden soll, persönliche Regeln usw. Diese Regeln sind größtenteils unbewusst, auch wenn sie unser Verhalten bestimmen. Immer wenn gegen sie verstoßen wird, ergeben sich Störungen im Gespräch. Meist wird nur die Störung an sich wahrgenommen, aber nicht, gegen welche Regel man verstoßen hat.

Höflichkeit gehört zum »guten Ton«

Wenn man am Telefon den Kunden nicht angemessen begrüßt, dann fühlt sich dieser schlecht behandelt. Er erwartet, dass er vollständig und höflich begrüßt wird. Aus der Sicht des Kunden wird man der Rolle als kompetenter Serviceberater nicht gerecht, wenn man sich anders verhält.

Wie auch immer Sie das Telefon beruflich einsetzen, Sie übernehmen also eine Rolle. Es kann die des Beraters, Verkäufers, Chefs, Kollegen usw. sein. Gleichzeitig sollten Sie sich einen Eindruck von den Rollen- und Regel-Erwartungen Ihrer Gesprächspartner haben, um die Folgen Ihres eigenen Verhaltens abschätzen zu können.

Kapitel 2
Bausteine erfolgreicher Telefonkommunikation

Das Geheimnis erfolgreicher Telefonate

Das Geheimnis erfolgreicher Kommunikatoren am Telefon liegt – wie in so vielen anderen Bereichen des Lebens – darin verborgen, dass gute Kommunikatoren mit den verfügbaren Informationen im Gespräch mehr anzufangen wissen. Wenn jemand erfolgreicher telefoniert, dann lässt sich das kaum allein darauf zurückführen, dass er stets mehr Glück mit den Gesprächspartnern oder den Gesprächsthemen hat.

Was man beobachten kann, ist ein qualitativ anderer Umgang mit den Situationen, als dies bei weniger erfolgreichen Personen der Fall ist. So erzielen sie stets mehr als nur durchschnittliche Ergebnisse.

Das Besondere einer erfolgreichen Kommunikation am Telefon

In diesem Kapitel erfahren Sie, was nun konkret das Besondere ist, worin der eigentliche Unterschied besteht, welche Bausteine das Fundament einer erfolgreichen Kommunikation am Telefon bilden.

Erfolgreiche Kommunikatoren hören besser zu

Intuitiv gehen viele davon aus, dass erfolgreiches Telefonieren in erster Linie mit einer bestimmten Art zu Sprechen zu tun haben muss. Das ist durchaus richtig, aber es ist nur die halbe Wahrheit. Die Frage ist schließlich, was man sagt und wie man es sagt. Da Gespräche zwischen Menschen nicht automatenhaft gleich ablaufen, wirkt ein konkret beschreibbares Verhalten auf jeden Gesprächspartner anders. Im vorigen Kapitel wurde deshalb auch davon gesprochen, dass der Erfolg des Telefonats von beiden Gesprächspartnern abhängt. Wie aber entscheiden Sie, *was* Sie sagen und *wie* Sie es tun?

In jedem Telefonat erhalten Sie eine ganze Reihe an Informationen von Ihrem Gesprächspartner – ausschließlich hörbare Informationen. Ein untrainiertes Telefonverhalten erkennt man leicht daran, dass die Person nur das hört, was die Worte des Gesprächspartners zum Ausdruck bringen. Dahinter stecken aber eine Fülle weiterer Botschaften, die zum Teil weit wichtiger sind als die eigentliche Wortbedeutung. Die Qualität der Stimme beispielsweise, die Häufigkeit der Pausen, die Sprechgeschwindigkeit und die Modulation der Stimme, die Lebendigkeit der verwendeten Worte, die Themen, über die gesprochen wird. Die Liste ließe sich noch weiter fortsetzen, aber das ist an dieser Stelle nicht erforderlich, denn im Laufe des Buches werde Sie diese Aspekte alle kennen lernen.

Entscheidend ist hier, dass erfolgreiches Telefonieren mit einer deutlichen Verbesserung Ihrer Hörfähigkeit unabdingbar zusammenhängt. Und das bedeutet, dass Sie aus dem, was Sie schon immer gehört haben, neue und andere Rückschlüsse ziehen können als bisher.

Schweigend aufmerksam zu sein ist nur eine Facette des Zuhörens. Daneben bedeutet Zuhören aber auch aktives Handeln, wenn es nämlich darum geht, zu prüfen, ob Sie auch richtig zugehört haben. Fragen und Zuhören sind untrennbar miteinander verbunden. Bei erfolgreichen Kommunikatoren kann man feststellen, dass beide Fähigkeiten besonders ausgebildet sind.

Zuhören bedeutet auch aktives Handeln

Erfolgreiche Kommunikatoren wissen, worauf sie achten müssen

Die Gefahr von Irrtümern ist in Gesprächen nie ganz auszuschließen. Die Folgen solcher Missverständnisse sind in beruflichen Telefonaten aber sehr hoch, sodass es von höchstem Interesse ist, ihre Zahl so gering wie möglich zu halten. Wenn man eine Antenne entwickelt, die einem erlaubt, fortwährend zu überpüfen, ob man noch auf einer Wellenlänge sendet, dann kann man dem frühzeitig gegensteuern. Entscheidend ist, zu wissen, auf welche entscheidenden Signale man achten muss.

Erfolgreiche Kommunikatoren wählen im Telefonat Worte, in denen Sie Ihre Gedanken äußern. Diese Gedanken haben immer ein bestimmtes Thema. Gute Gespräche zeichnen sich dadurch aus, dass Einigkeit über das Thema besteht. Ist dieser kleinste gemeinsame Nenner nicht gegeben, dann erleben Sie das Gefühl, sie reden aneinander vorbei. Man kann Telefonate auf der Ebene der Themen betrachten, um zu erkennen, wann man wirklich miteinander spricht. In diesem Fall lässt sich nämlich feststellen, ob man sich über das Thema einig ist. »Einigkeit« bedeutet hier nicht notwendigerweise, dass beide Gesprächspartner inhaltlich einer Meinung sind. »Einigkeit über das Thema« heißt, dass beide vom selben Inhalt sprechen, selbst wenn Sie eine unterschiedliche Ansicht vertreten.

Schauen Sie sich an, was passiert, wenn diese Übereinstimmung fehlt: Dann beginnt jeder sein Thema, ohne dass der andere darauf eingeht. Dieser Ablauf setzt sich fort, beide Gesprächspartner sprechen jeweils über ihre eigene Thematik, ohne den anderen zu berücksichtigen. Darin besteht die klassische Art, aneinander vorbeizureden.

Die klassische Art aneinander vorbeizureden

Herr Elbersing »Ich fahre nächste Woche in Urlaub.«
Frau Masmann »Ich bräuchte ja auch noch mal Urlaub.«
Herr Elbersing »Ach?...Ich habe ja Griechenland gebucht.«
Frau Masmann »Hier ist es ja eigentlich auch ganz schön, wenn man nur mal Zeit hätte, die paar Sonnentage zu genießen.«
Herr Elbersing »Wir freuen uns ja auch schon, das Meer und die Sonne zu genießen.«
Frau Masmann »Ja, der Sonnenschein hält ja hier auch immer nur ein paar Tage.«

Eine andere Form des »Aneinander-vorbei-Redens« tritt auf, wenn man zwar über das gleiche Thema spricht, sich aber nicht aufeinander bezieht. Das passiert beispielsweise dann, wenn zwei Gesprächspartner begeistert über ihre Arbeit sprechen, aber nicht auf die Bemerkungen des anderen eingehen. Dann reden sie zwar über das gleiche, nicht aber über dasselbe Thema. Sie führen nur scheinbar einen Dialog. Bei genauem Hinhören entdeckt man, dass es sich um nebeneinander stehende Monologe handelt.

Folgendes Telefonat zeigt dies beispielhaft. Die Kommentare unter dem Dialog erlauben Ihnen, das Telefonat auf der thematischen Ebene parallel zu verfolgen:

Frau Müller »Müller, von der Lichtschein KG.«
Herr Fischer »Hallo Frau Müller, hier ist Fischer, ich bräuchte die vereinbarten drei Paletten jetzt doch schon eher,......«
Frau Müller »Sie meinen die von der letzen Bestellung am Montag?«
Herr Fischer »Genau. Frau Müller, das müsste rasch geliefert werden, sonst kommen wir hier in Schwierigkeiten.«

Bis hierher beziehen die beiden Gesprächspartner sich noch aufeinander: Herr Fischer sagt, worum es ihm geht. Frau Müller fragt nach, um sicherzugehen, dass man über die gleiche Lieferung spricht, und Herr Fischer betont, dass er eine rasche Lieferung erwartet, aber Schwierigkeiten befürchtet.

Frau Müller »Wohin soll das denn genau geliefert werden?«

Frau Müller geht weder auf das Thema »Rasche Lieferung« noch auf »Ich befürchte Schwierigkeiten« ein. Das Thema, über das sie spricht, ist »Anlieferungsort«.

Herr Fischer »Bringen Sie das gleich ins Werk, aber das muss schnell gehen.«

Herr Fischer antwortet auf das Thema »Anlieferungsort« und unterstreicht sein Thema »Ich befürchte Schwierigkeiten« noch einmal. Fischers vormaliger Themenwechsel scheint ihm noch keine ausreichende Beruhigung verschafft zu haben.

Frau Müller »Gut, ist denn auch jemand da, um beim Abladen zu helfen?«

Frau Müller überhört Fischers erneute Befürchtung und erfragt Details zu ihrem Thema »Anlieferungsort«. Also: Müller redet über das gleiche Thema wie Fischer – »Lieferung der Bestellung vom Montag« – aber nicht über dasselbe Thema. Sie reden haarscharf aneinander vorbei.

Herr Fischer »Ja, natürlich, klappt das denn noch bis zum Wochenende?«

Auch Herr Fischer antwortet nur kurz auf Frau Müllers letzten Beitrag und lenkt auf sein Thema »Ich befürchte Schwierigkeiten!«, um endlich beruhigt zu werden.

Frau Müller »Ja ich sage sofort im Lager Bescheid.«

Erst jetzt geht Frau Müller knapp auf Herrn Fischers Anliegen ein. Sie hätte es aber durchaus früher erkennen und so den Kontakt zum Kunden besser aufbauen können.

O.k. ist nicht optimal! Dieses Beispiel mag sich im ersten Moment wie ein ganz normales Telefonat lesen. Ein alltägliches Beispiel also. Aber ist es deshalb auch in Ordnung? Fragt man die beiden Gesprächspartner, wie sie das Gespräch beurteilen, dann antworten sie: »Na ja, war o.k.«. »O.k.« ist aber nicht optimal. Der Grund dieses eher zwiespältigen Gefühls liegt darin, dass der Kunde das Empfinden hat, die Firma hätte mehr auf ihn eingehen müssen. Er hatte während des Gesprächs darauf gewartet, bestätigt zu bekommen, dass alles reibungslos und schnell gehen wird. Darin bestand nämlich sein eigentliches Thema, die Lieferung des Materials war der Aufhänger. Für Frau Müller war aber die Auslieferung des Materials das Thema. Nochmals: Sie hatten also beide das gleiche Thema aber nicht dasselbe.

Wenn man das Gespräch auf der Kommentarebene parallel verfolgt, dann wird dies unmittelbar verständlich. Hätte Frau Müller gewusst, worauf sie hätte achten müssen, dann wäre ihr Gespräch mit Herrn Fischer sicher besser verlaufen.

Erfolgreiche Kommunikatoren
kennen die Wirkung Ihres Verhaltens

Im Laufe der persönlichen Entwicklung bildet man Verhaltensweisen und Eigenarten heraus, die ihren Ausdruck auch in charakteristischen Reaktionen im Telefonverhalten finden. Man erlebt das dann von außen betrachtet wie eine »typische« Reaktion, wobei das Wort »typisch« zum Ausdruck bringt, dass man die Reaktion bereits häufiger gezeigt hat, und dass dies möglicherweise in vergleichbaren Situationen der Fall war. Da nicht jeder Mensch die gleichen Wünsche, Erwartungen und Vorstellungen hat, werden die Reaktionen auf Ihre »typischen« Verhaltensweisen unterschiedlich sein. Manch einer wird Ihr Verhalten kritisieren, andere werden Sie für Ihr Verhalten loben. Genau das ist es, was einige Menschen verwirrt, denn warum sollte man sich unter solchen Umständen ändern? Man macht es doch nie allen recht.

Richtig daran ist, dass kein Verhalten grundsätzlich besser oder schlechter ist als anderes Verhalten. Es ist immer abhängig von der Situation, die Sie am Telefon meistern müssen. Aufbrausend und laut zu sein ist beispielsweise keine besonders beliebte Eigenschaft. Als kurzfristiges Verhalten kann es Ihnen am Telefon dennoch gute Dienste erweisen, wenn Sie merken, dass man Sie nicht ernst zu nehmen scheint.

Erfolgreiche Kommunikatoren kennen ihre Wirkung auf Gesprächspartner. Sie wissen, welche Reaktionen sie in der Regel mit ihrem Verhalten auslösen. Damit ist ihnen auch klar, in welche typischen kritischen Situationen sie sich durch ihr eigenes Verhalten hineinmanövrieren. Sie kennen also ihre Wirkungsweise auf andere und übernehmen somit ihren Teil der Verantwortung für den Verlauf der Gespräche. Sie akzeptieren die Stärken und Schwächen, die mit ihrem typischen Verhalten »erkauft sind«. Das erzeugt aber gleichzeitig eine erhöhte Sensibilität für die Prozesse, die im Gespräch ablaufen.

Die Sensibilität im Gespräch erhöhen

Wenn Sie Ihre charakteristischen Eigenschaften kennen, Ihre Reaktionen auf andere abschätzen können und sich die daraus resultierenden Vor- und Nachteile vorbehaltlos ansehen können, dann werden Sie auch in Telefonaten rascher feststellen, ob Sie Ihrem Gesprächsziel näher kommen oder nicht.

Erfolgreiche Kommunikatoren verhalten sich flexibel

Es reicht aber nicht aus, nur zu wissen, was man in seinem Verhalten ändern könnte, um sein Ziel zu erreichen. Es erfordert auch die Bereitschaft, das Risiko einzugehen, dieses Verhalten auszuprobieren.

Es gibt unterschiedliche Telefontypen. Diese werden Sie in Kapitel 4 kennen lernen. Jeder von ihnen bewirkt bei seinen Gesprächspartnern andere, aber eben »typische« Reaktionen. Es gibt Situationen und Gesprächspartner, in denen die Reaktion des einen Telefontypen erfolgversprechender ist als die andere.

Einige Menschen erwarten, dass sich die Gesprächspartner ihnen anpassen. In einer Verkäufer-Kunde-Beziehung ist das legitim. Warum sollte sich der Kunde dem Verkäufer anpassen? Wenn sich aber derjenige, der etwas vom anderen will, so verhält, dann kann er realistischerweise nur bei den Partnern am Telefon erfolgreich sein, die zufälligerweise damit zufrieden sind.

Wer aber Gesprächsziele hat, wer beipielsweise freundlich wirken will, gut beraten oder verkaufen möchte, der wird nicht umhin kommen, sich flexibel auf den Gesprächspartner einzulassen. Welche Techniken Sie auch immer einsetzen, um den Kontakt zum Gesprächspartner zu erhöhen, diese sind nur dann erfolgreich, wenn Sie ein echtes Interesse daran haben, neues Verhalten auszuprobieren, um zu erleben, wie Sie die gewünschten Wirkungen erzielen können. Das wird wahrscheinlich nicht beim ersten Versuch gelingen. Aber nach einigen Versuchen werden Sie Erfolgserlebnisse haben.

Das Verhaltensrepertoire bewusst erweitern

Die Folgen sind meist weitreichend: Personen, deren Gesprächskompetenz nicht sehr ausgeprägt ist, erleben sich in Telefonaten häufig als Opfer der Gesprächsumstände, selten als einflussreich oder Lenker des Gesprächs. Wenn diese dann ihr Verhaltensrepertoire bewusst erweitern, wandelt sich dieses Erleben. Sie spüren plötzlich, dass sie etwas beeinflussen können. Und das geschieht bereits durch das Ausprobieren eines neuen Verhaltens, das sie sich vorher selbst nicht zugetraut hatten. – Sie wagen einen ersten Schritt und kommen dem Ziel gleich Meilen näher.

Erfolgreiche Kommunikatoren können den Gesprächspartner schnell einschätzen

Menschen beurteilen ein Gespräch dann als gut oder fruchtbar, wenn sie den Eindruck gewinnen, dass sie verstanden wurden. Den anderen nur zu verstehen, reicht allerdings nicht aus, der Gesprächspartner muss dies auch bemerken. Gelingt Ihnen dieses Kunststück, dann haben Sie bereits die Basis für ein erfolgreiches Gespräch gelegt, unabhängig vom Anlass und Zweck des Gesprächs.

Das klingt zunächst einfacher als es in Wirklichkeit ist. Bedenken Sie nur, was alles die Haltung des Gesprächspartners beeinflusst, während er mit Ihnen telefoniert:

- Seine Wünsche über den Ablauf des Telefonats.
- Seine Erwartungen, wie er von Ihnen behandelt werden möchte.
- Mehr oder weniger ausgeprägte Erfahrungen mit Ihnen.
- Seine aktuelle Stimmung.
- Seine Interpretationen Ihres Verhaltens, Ihrer Stimme, Ihrer Aussagen.
- Sein Wissen und die Wissensgrenzen über das aktuelle Thema.

Die Erwartungen des Gesprächspartners erkennen

Je nach Gesprächssituation und Gesprächspartner werden diese Faktoren unterschiedlich wichtig sein. Sie selbst bestimmen zum Teil mehr oder weniger bewusst, worauf der Gesprächspartner sein Interesse und seine Aufmerksamkeit konzentriert.

Was im ersten Moment wie eine unüberschaubare Fülle verschiedenster Faktoren wirkt, wird greifbar, wenn man weiß, welche Faktoren man im Telefonat überhaupt beobachten kann. Auch hier muss man ein entsprechendes Ohr ausbilden.

Frau Schneider ist Sekretärin und arbeitet drei Kollegen zu. Sie muss am Telefon schnell erkennen, worin das Anliegen der Anrufer besteht, um entscheiden zu können, ob sie die Anrufe selbst bearbeiten kann, oder, wenn nicht, an wen sie am besten weitervermittelt. Sie hat im Laufe der Jahre ausgeprägte Filter ausbildet das Entscheidende schnell aus dem Gesprochenen herauszuhören, und gezielt Fragen zu stellen, wenn Ihr wichtige Informationen fehlen. So erarbeitet sie sich in allen Gesprächen ganz gezielt die Informationsbasis, die sie benötigt, um unmittelbar und sicher reagieren zu können.

Jeder Mensch filtert Informationen anders. An der Art wie Frau Schneider telefoniert, können Sie erkennen, was sie vom Gesprächspartner und vom Gespräch erwartet, und wie sie sich den Gesprächsverlauf vorstellt. Wenn Sie rasch auf den Punkt kommen und jede Floskel vermeiden, werden Sie mit ihr wahrscheinlich gut zurecht kommen.

Es gibt eine ganze Reihe unterschiedlicher Filter auf die wir noch eingehen (vgl. Kapitel 5). Jeder Mensch benutzt diese in seinen Gesprächen. Wenn Sie die Filter Ihres Gesprächspartners erkennen können, dann haben Sie das »Ohr ausgebildet«, von dem hier die Rede ist. Denn dann können Sie schnell heraushören, welche internen Regeln bei Ihrem Gesprächspartner für ein gutes Gespräch gelten. Gleichzeitig haben Sie Anhaltspunkte, Ihr Telefonverhalten flexibel anzupassen.

Frau Schneider aus unserem Beispiel erledigt ihre Aufgaben sehr gut. Mit ihrem Arbeitsergebnis sind die Vorgesetzten zufrieden, wäre da nicht ihre förmliche und knappe Art. Sie wirkt auf viele Anrufer unterkühlt und oft auch sehr gestresst.

Während also einige Anrufer zufrieden sind, weil ihnen präzise und schnell geholfen wird, bemängeln andere die Unfreundlichkeit, unpersönliches Verhalten oder fehlendes Eingehen auf die jeweiligen Anliegen. Frau Schneider passt sich also den Filtern ihrer Gesprächspartner nicht an.

Erfolgreiche Kommunikatoren setzen ihre Stimme gezielt ein

In Kapitel 1 wurde deutlich, wie entscheidend sich ein Telefonat von einer Gesprächssituation unter vier Augen unterscheidet. Ein ganz zentraler Aspekt dabei liegt darin, dass der Stimme weitaus mehr Gewicht zukommt, als dies in direkten Gesprächen der Fall ist. Diese Formulierung ist genau genommen etwas ungenau, denn es ist schwer zu sagen, ob die Stimme wirklich mehr Gewicht erhält. Tatsache ist aber, dass die Qualität der Stimme am Telefonat mehr auffällt, da man ausschließlich auf sie angewiesen ist, um einzuschätzen, welcher Art die Person ist, mit der man spricht. Man hört also viel aufmerksamer hin.

Der Effekt ist, dass man sensibler auf die Stimmungen reagiert, als im Gespräch von Angesicht zu Angesicht. In der Wissenschaft wurden Untersuchungen durchgeführt, die belegen, wie sehr wir auf die nonverbalen Signale in der Kommunikation reagieren. Als weiteres Ergebnis lässt sich feststellen, dass diese Prozesse zum größten Teil außerhalb unserer bewussten Wahrnehmung liegen.

Am Telefon kommt es daher mehr als in jeder anderen Form des miteinander kommunizierens darauf an, sich bewusst zu machen, wie die eigene Stimme auf andere wirkt. Manchmal gibt es heilsame Erfahrungen: nämlich dann, wenn man einmal erlebt hat, wie leicht schlechte Laune oder eine überhebliche Haltung am anderen Ende der Telefonleitung für die allermeisten Menschen erkennbar sind. Manchmal ist es auch beeindruckend, wenn man erlebt, wie sich eine Raupe als stimmlicher Schmetterling entpuppt. Viele Menschen wissen nicht einmal, welches unglaubliche Potenzial in ihrer Stimme darauf wartet, zu voller Entfaltung zu kommen.

Sich bewusst machen, wie die eigene Stimme auf andere wirkt

Erfolgreiche Kommunikatoren kennen diese Zusammenhänge. Sie nutzen die gegebenen Anlagen ihrer Stimme, schulen die Stimmbildung und trainieren das Sprechen.

Erfolgreiche Kommunikatoren verwenden eine positive Sprache

Nicht jeder hat eine wohlklingenden Stimme. Und jeder, der an seiner Stimme feilt, ihr zu größtem Wohlklang verhilft, wird doch noch nicht am Ziel sein. Denn die Stimme ist das *Wie des Sprechens*, aber es gibt auch noch ein *Wie des Darüber-Sprechens*. Wie Sie über Dinge sprechen, beeinflusst, wie die Menschen, die es hören, darüber denken. Würden Sie Robin Hood einen Rächer der Armen oder einen Straßenräuber nennen? Es kommt wohl darauf an, ob Sie mit ihm sympathisieren, oder ob Sie sich auf die Seite seiner Häscher schlagen – was freilich sehr unwahrscheinlich sein wird. Beide Begriffe sagen aber etwas über den gleichen Menschen aus, und beide treffen zu. Ihre Wirkung ist aber sehr unterschiedlich.

So kann man sagen, »jemand hat es zu etwas gebracht«, oder man nennt ihn »einen Emporkömmling«. »Eine Sache ist gut gegangen« oder ist sie vielleicht doch »glücklicherweise nicht voll daneben gegangen«? Der Kollege hat die »Arbeit sehr gut gemacht« oder er hat »die Arbeit nicht schlecht gemacht«?

Wenn Sie sich die Zeit nehmen, die Wirkung dieser Alternativen einmal bewusst wahrzunehmen, wird Ihnen eindrücklich bewusst, wie man Sprache einsetzen kann, um gewünschten Wirkungen beim Gesprächspartner zu erzeugen.

Wann immer Sie Sprache benutzen, erzeugen Sie Wirkungen, meist jedoch ohne zu wissen, von welcher Qualität sie sind. Gute Kommunikatoren wissen es zwar auch nicht unbedingt. Wenn man ihnen aber zuhört, stellt man fest, dass sie ein positiveres Vokabular, optimistischere Aussagen und ausgeprägte Höflichkeitsformen verwenden – und das macht am Telefon eben einen entscheidenden Unterschied.

Erfolgreiche Kommunikatoren betreiben ein aktives Konfliktmanagement

Kritische Situationen am Telefon lassen sich nie ganz ausschließen. Manche Situationen sind verworren, und der Ärger des Anrufers entstand vielleicht aus Gründen, die Sie selber nicht verantworten. Sind Sie aber der Ansprechpartner am Telefon, dann sind Sie gezwungen, sich in irgendeiner Form mit diesen Konflikten auseinanderzusetzen.

Wenn man keine Schuld trägt und die Angelegenheit bereits bereinigt wäre, dann könnte man dies dem Anrufer einfach mitteilen und bräuchte kein weiteres Aufheben um dieses Thema mehr zu machen. Die Erfahrung zeigt aber, dass man häufig trotzdem in Konfliktgespräche verstrickt wird. Ja, es kommt manchmal noch schlimmer: Am Ende wird man selber vom Anrufer beschuldigt und zur Verantwortung gezogen.

Die Fähigkeit, in schwierigen Situationen das Konfliktpotenzial auf dem geringstmöglichen Niveau zu halten, ist eine ganz herausragende Fähigkeit guter Kommunikatoren, die berufsbedingt häufig, vielleicht sogar ausschließlich mit Konflikten zu tun haben. Von ihnen erfährt man Folgendes: Diese Personen merken meist sehr rasch, dass es gesundheitlich unmöglich auszuhalten wäre, wenn man jeden verbalen Angriff persönlich nimmt. Deshalb müssen sie sich eine Alternative überlegen: Sie trennen zwischen der *Privatperson* und der *Funktion*, die sie in Ihrem Beruf einnehmen.

Jeder Beruf birgt ganz spezifische Schwierigkeiten. Machen Sie sich bewusst, dass jeder, der mit Ihnen beruflich zu tun hat, eigentlich auf »zwei Menschen« trifft. Der eine Mensch, das sind *Sie ganz persönlich*, mit Ihren privaten Meinungen, Interessen, Werten. Der andere Mensch ist der *Funktionsträger*, zum Beispiel die Person, die für Reklamationen zuständig ist. In dieser Funktion haben Sie bestimmte Vorgaben zu befolgen und umzusetzen. Als *privater Mensch* können Sie hingegen durchaus verstehen, dass die eine oder andere Entscheidung Unmut oder Verwunderung bei einem Anrufer auslösen. Als der *Funktionsträger* bleibt Ihnen jedoch nichts anderes übrig, als Ihre Entscheidung zu vertreten, denn das ist Ihr Beruf. Sobald es gelingt, diese beiden Positionen zu unterscheiden, lernt man sehr schnell, dass viele Angriffe sich eigentlich nur gegen den *Funktionsträger* richten. Wer also den ersten Ärger des Anrufers nicht persönlich nimmt, kann sich als *privater Mensch* auf dessen Seite schlagen. So kann man einerseits Verständnis zeigen und dennoch in der Sache eindeutig Position beziehen.

Privatperson und Funktionsträger unterscheiden

Erfolgreiche Kommunikatoren können mit den Belastungen der Telefonarbeit besser umgehen

Das Telefon wird bei Befragungen am Arbeitsplatz stets als Stessauslöser genannt. Das Klingeln des eigenen Telefons, das Klingeln des Telefons beim Kollegen, die Unterbrechungen, während man mit anderen Arbeiten beschäftigt ist, der unerwartete Anruf, der neue Probleme bringt, die Vorgabe, stets sofort zu reagieren usw. Kein Wunder, dass diese Errungenschaft der modernen Technik von einigen eher als Fluch denn als Segnung erlebt wird. Wenn man aber an einem Telefonarbeitsplatz arbeitet, dann hilft kein Lamentieren.

Wer viel telefoniert, sich mit vielen Menschen austauscht, der braucht ein eigenes Stressmanagement, um mit den Belastungen, die diese Arbeit mit sich bringt, umgehen zu können. Der kritische Punkt liegt darin, dass wir als Menschen nicht nach jedem Anruf neu beginnen und wie eine Maschine funktionieren, sondern dass Telefonate nachwirken.

Unnötige Belastungen vermeiden

Erfolgreiche Vieltelefonierer haben sich Arbeitsmethoden und Stressbewältigungsstrategien erarbeitet, mit denen sie die unnötigen Belastungen vermeiden und die unvermeidbaren Belastungen leichter bewältigen können (vgl. Kapitel 10, Seite 198).

Kapitel 3
Telefonate besser verstehen

Mehr verstehen auf der inhaltlichen Ebene

»Sind sie wahnsinnig, mit neunzig so durch den Ort zu rasen?« fährt der Polizist die Autofahrerin an. Darauf die Fahrerin: »Glauben Sie mir, Herr Wachtmeister, das ist nur der Hut, der mich so alt macht.«

Wie kommt es, dass wir diesen Witz als Witz verstehen, und darüber schmunzeln können? – Das Grundprinzip eines Witzes lautet: Die Pointe muss überraschen. Das geschieht in unserem Beispiel dadurch, dass der Polizist etwas ganz anderes meint, als die Autofahrerin versteht. Bei Witzen wird häufig genau mit diesem Muster gespielt, dass nämlich jemand eine Aussage anders auffasst als dies normalerweise der Fall wäre. Vernimmt man die Pointe, dann wird diese Mehrdeutigkeit und gleichzeitig das Missverständnis unmittelbar klar. Bis zur Pointe aber bleibt dies allerdings verborgen. Denn wir verstehen, was der Polizist eigentlich sagen will. Der Witz des Witzes liegt also in dem offensichtlichen Missverständnis, das zwischen den beteiligten Personen entsteht, und das in der Pointe aufgelöst wird. Diese Pointe erweitert unsere Wahrnehmung, weil sie uns zeigt, dass man das Gesagte auch ganz anders verstehen könnte.

Was im Witz bewusst konstruiert ist, trifft man in zahllosen Gesprächssituationen gleichermaßen an, nur lösen sich die Missverständnisse selten in einer Pointe auf. Häufiger bleiben sie unentdeckt und verkomplizieren unerkannt und für beide Gesprächspartner unverständlicherweise das gemeinsame Gespräch. Das führt dann zu Verstimmungen, und oft genug kosten die Folgen viel Geld.

Die Ursache liegt in der unauflösbaren Schwierigkeit, dass Meinen und Verstehen nicht automatisch identisch sind. Allzu häufig passiert es, dass wir uns etwas anders vorstellen, als es vom anderen wirklich gedacht war. Deshalb ist es wichtig, das Meinen und das Verstehen in Telefonaten miteinander abzugleichen, um erfolgreiche Gespräche führen zu können.

In diesem Kapitel können Sie Ihr Bewusstsein trainieren, um die unterschiedlichsten Missverständnisse leichter aufdecken zu können, die zwischen Meinen und Verstehen häufig auftreten. Die Fähigkeit, inhaltlich korrekt zu verstehen, was der Gesprächspartner mitteilt, ist die Basis erfolgreicher Telefonkommunikation. Darauf richtet sich unser erster Blick. In den beiden darauf folgenden Kapiteln lernen Sie dann zwei weitere Perspektiven kennen. Zusammengenommen bilden diese ein umfassendes Bild der Möglichkeiten, die Qualität Ihrer Telefonkommunikation zu optimieren.

In diesem Kapitel geht es also zunächst darum, ein größeres Verständnis für die inhaltlichen Prozesse zu erhalten, die jedes Telefonat ausmachen. In jedem Telefonat sprechen Sie über etwas, Sie teilen Ihre Meinung mit – manchmal allerdings auch bewusst nicht. Und Sie gehen davon aus, dass der Gesprächspartner schon alles richtig verstehen wird. Umgekehrt hören Sie zu, während Ihr Gesprächspartner erzählt, und Sie glauben zu erfassen, was er sagen will. Dabei ist das Ganze gar nicht so einfach, wie es im ersten Moment scheint. Wörter sind trügerischer, als man glaubt, und so manches Missverständnis ließe sich vermeiden, wenn man genauer hinhören würde.

> »Gedacht ist nicht gesagt,
> Gesagt ist nicht zugehört,
> Zugehört ist nicht verstanden,
> Verstanden ist nicht gewollt,
> gewollt ist nicht umgesetzt.«
> unbekannt

Wörter sind trügerischer als man glaubt

Meinen und verstehen sind zwei Paar Schuhe

Vielleicht lieben Sie es auch, Ihren großen Jahresurlaub frühzeitig zu planen? Herr Laub genießt es bereits, wenn er im Reisebüro die passenden Kataloge auswählt und anschließend zu Hause durchstöbert. Wenn er die Bilder der Urlaubsorte anschaut, dann geht er in seiner Fantasie schon im Voraus auf Reisen, stellt sich die Umgebung ganz lebendig vor und malt sich aus, was er vor Ort alles unternehmen wird. Dabei nimmt er sich viel Zeit, genießt das Gefühl, schon einmal etwas »Urlaub zu fantasieren«.

Da er früh plant, schaut er sich auch schon im Laufe des Jahres in den Geschäften um, um das eine oder andere Kleidungsstück für den Urlaub in Ruhe anzuprobieren, Lesematerial und Gegenstände, die er für den Urlaub braucht, preiswert zu erwerben.

Auf dem Flughafen und dann im Flieger träumt er bereits davon, was er am Urlaubsort zunächst unternehmen wird. Er denkt sich, wie er sofort, nachdem er angekommen ist, sein Gepäck auf sein Zimmer bringt und seine neue Kleidung anziehen wird. Und dann, dann, ja dann freut er sich darauf, den frischen Schnee zu genießen.

Vielleicht sind Sie jetzt, am Ende der Geschichte, überrascht? Nun, das ist erwünscht. Wenn Sie erstaunt waren, dass Herr Laub den Schnee genießt, dann ergeht es Ihnen wie vielen Menschen, die diese Geschichte hören. Sie haben gerade erlebt, wie weit Meinen und Verstehen auseinander klaffen können. Die Überraschung liegt darin, dass die meisten Menschen aus unseren westlichen Gefilden bei Jahresurlaub folgende Assoziationen haben: weißer Strand, strahlende Sonne, Wärme, azurblauer Himmel und kristallklares Meer. Was passiert also? Unter Jahresurlaub verstehen viele etwas sehr Konkretes. Da man davon ausgehen kann, dass die meisten die genannte Vorstellung teilen, ist es leicht, ein *Missverständnis* zu erzeugen, wenn man – wie hier – eine ungewöhnliche und andere Art von Jahresurlaub *meint*.

Kennen Sie BBC?

Diese Art von Missverständnis ist häufig, auch wenn sie nicht immer offensichtlich ist. Schuld daran ist BBC. BBC? Ja, BBC – Branchen- und Betriebscodes. Branchen und Betriebscodes sind:

- Abkürzungen,
- Fachvokabular,
- Fremdworte oder
- branchenspezifischer Jargon.

Wer BBC benutzt, dem fällt es meist nicht einmal auf. Denn wenn man erst einmal über einen längeren Zeitraum in einem bestimmten Arbeitsbereich arbeitet, dann gewöhnt man sich sehr rasch an BBC. Auch wenn BBC Ihnen beim ersten und zweiten Hören noch fremd erscheinen, verwenden Sie sie nach kurzer Zeit ganz ohne darüber nachzudenken. Das hängt damit zusammen, dass die Verwendung von BBC bei Personen mit dem gleichen beruflichen Hintergrund die Kommunikation erleichtern. Und noch mehr: Die Verwendung von BBC kann sogar eine besondere Nähe zum Gesprächspartner schaffen, weil man sich hier als Gleicher unter Gleichen fühlt, und sich von anderen abgrenzt. In solchen Fällen stimmen Meinen und Verstehen überein. Gleiche Sprache schafft Kontakt zum Gesprächspartner.

Vielleicht kennen Sie ja Beispiele für BBC wie dieses:

»Im letzten Briefing war der Response vom PM doch vollkommen daneben. Wenn der Relaunch bis zum nächsten Quartal nicht durchgeht, dann werden wir die Deadline im März kaum schaffen. Hier ist Highnoon, wenn der GF dann das CWR-Budget in der GFK durchkriegen will ...«

Personen, die BBC nicht kennen, reagieren mit Gefühlen, die von bloßem Desinteresse über Verunsicherung bis zur Verärgerung reichen. Vielleicht erleben Sie das Gefühl ja auch gerade? Sie wurden schließlich bis hierher einigermaßen häufig mit der eben eingeführten Abkürzung BBC gemartert. Diese Tortur bringt Ihnen aber gerade dadurch die Wirkung einer übermäßigen Verwendung von Abkürzungen umso näher.

Die Verwendung der Abkürzung BBC hat beim Schreiben den Vorteil, dass nicht alle Punkte immer wieder aufgezählt werden. Andererseits verleitet sie natürlich dazu, ständig verwendet zu werden, denn sie geht so leicht von der Hand.

Probleme entstehen, wenn der Zuhörer BBC nicht kennt

An dieser Stelle beginnen die Probleme für den Zuhörer, der Ihre BBC nicht kennt. Die wenigsten Menschen fragen mehr als einmal nach, wenn sie ein Wort oder eine Abkürzung nicht vertanden haben. Ganz davon abgesehen, dass Sie keine erstrebenswerten Gefühle bei Ihrem Gesprächspartner auslösen, müssen Sie also mit Missverständnissen rechnen, die nicht direkt ausgeräumt werden. Und das hat Folgen.

Übung

Überprüfen Sie Ihre Sprache daraufhin, welche Abkürzungen, Fachbegriffe, Fremdworte und berufsspezifischen Jargon Sie im Umgang mit Gesprächspartnern wie Kunden, Kollegen aus anderen Unternehmensbereichen verwenden, die Ihnen zwar vertraut sind, die Ihr Gesprächspartner aber nicht kennt. Beobachten Sie zu diesem Zweck auch Kollegen beim Telefonieren. Notieren Sie die Ergebnisse Ihrer Suche. Überlegen Sie, welches Vokabular Sie ganz vermeiden können, suchen Sie nach verständlichen Ersatzbegriffen oder kurzen Umschreibungen für unvermeidliches Fachvokabular.

....
....
....
....
....
....
....

Es muss nicht so weit kommen, dass Missverständnisse entstehen. Die typischen Probleme, die mit dem Meinen-Verstehen-Unterschied zusammenhängen, sind an einigen Punkten festzumachen, die im Folgenden beschrieben werden. Bis hierher sollten Sie erst einmal dafür sensibilisiert sein, dass Sie nicht automatisch voraussetzen können, dass Sie richtig verstehen, was Ihr Gesprächspartner meint, und Sie das auch bei Ihrem Gesprächspartner nicht automatisch voraussetzen können.

Jetzt geht es daran, konkrete Anhaltspunkte kennen zu lernen, auf die Sie in Ihren Telefonaten achten können.

Direkte und indirekte Sprache

> »Du hast aber lange nichts von Dir hören lassen.«
> »Mit diesem Service-Paket ist das Angebot aber nicht besonders günstig.«
> »Wollen Sie erst heute Nachmittag vorbeikommen?«

Wenn man Sie auf diese Weise anspricht, werden Sie wahrscheinlich bei jedem der drei Sätze mehr hören, als eigentlich gesagt wurde: Im ersten Satz hören viele beispielsweise einen Vorwurf und den Aufruf, häufiger anzurufen. Der zweite Satz klingt wie die Aufforderung, den Preis zu verändern und der dritte Satz, als ob man zu spät dran ist.

Wie ist das zu erklären? Unsere Sprache ermöglicht es uns, Dinge direkt oder indirekt zu sagen. Nun mag man im ersten Moment sagen, dass es doch sinnvoll wäre, wenn man sich darauf einigen könnte, dass alle Menschen direkt äußern, was sie meinen. Aber davon abgesehen, dass das nicht möglich ist, wäre es auch nicht unbedingt immer die beste Form, etwas auszudrücken. Stellen Sie sich einfach Folgendes vor: Sie können jederzeit wählen, ob Sie klipp und klar sagen: »Schatz, mir gefällt der Film nicht, lass uns ein anderes Programm anschauen.« oder ob Sie es indirekt sagen: »Schatz, gefällt dir der Film?«

Wenn man die beiden Varianten im Vergleich hört, dann fällt vielleicht schon auf, dass es einige Vorteile bietet, wenn man etwas indirekt ausdrückt. Die Vorteile liegen auf der Hand:

- **Man schützt den anderen.** Direkt zu sein, hat etwas Forderndes. Man zwingt den Gesprächspartner fast zu einer Stellungnahme. Eine indirekte Aussage lässt dem anderen hingegen die Möglichkeit, darauf einzugehen oder nicht. Damit schützt man den anderen vor einer zu barschen Forderung.
- **Man schützt sich selbst.** Die indirekte Variante bietet mehr Rückzugsmöglichkeiten und Schutz. Im Zweifelsfall könnte man immer noch sagen, man hat es anders gemeint.
- **Indirektheit als Genuss auf höherer Ebene.** Wenn man etwas indirekt formuliert, und der andere es dennoch versteht und darauf reagiert, als hätte man es direkt ausgedrückt, dann zeigt dies, auf welch hohem Niveau Menschen miteinander kommunizieren können oder wie gut zwei Partner sich verstehen. Wenn es also glückt, Meinen und Verstehen also deckungsgleich sind, dann können beide stolz auf ihre Kommunikationsleistung sein.

Diese Vorteile kann man aber nur dann genießen, wenn beide Gesprächspartner einander kennen oder zufällig die gleiche Sprache sprechen. Anderenfalls werden Meinen und Verstehen zwischen beiden Gesprächspartnern nämlich weit voneinander entfernt sein. Um auf der inhaltlichen Ebene besser mit Direktheit und Indirektheit umzugehen, können Sie auf folgende Aspekte achten:

- Überprüfen Sie, ob Sie ein ausgeprägtes Ohr für die *direkte* Sprache haben. Unter solchen Umständen werden Sie die Dinge oft zu wörtlich nehmen. Sie werden dann schon häufiger gehört haben, man hätte »es doch anders gemeint«. Hören Sie bewusster hin, wie es der andere gemeint haben könnte.
- Wenn Sie selber bevorzugt *direkt* sprechen, dann bedenken Sie, dass dies von vielen Menschen als zu brüsk oder unsensibel erlebt wird.
- *Indirekte* Sprache kann man nicht immer direkt machen. Wenn eine Frau sagt, sie findet Blumen romantisch, dann kann der Mann nicht erwarten, dass Sie ihm direkt sagt, wann ihr nach Blumen ist. Denn für die Frau besteht das Romantische gerade darin, dass ihr Mann sie damit überrascht. Sagt sie es ihm, dann ist es nicht mehr das gleiche.
- Vielleicht haben Sie ein ausgeprägtes Ohr für *indirekte* Sprache? Dann werden Sie immer auf der Lauer liegen, das Gemeinte hinter dem Gesagten zu entdecken. Auf diese Art versuchen Sie die verborgenen Intentionen zu entdecken – selbst da, wo keine sind. Achten Sie also darauf, dass Ihre Fantasien mit der gemeinten Realität des anderen übereinstimmen. Mit Fragen können Sie das überprüfen.
- Wenn Sie *indirekt* sprechen, dann laufen Sie Gefahr, dass der Gesprächspartner Sie nicht so versteht, wie Sie es sich eigentlich wünschen. Die indirekte Sprache ist mehrdeutig. Sie lässt viele Optionen offen. Es ist ein glücklicher Umstand, wenn der Gesprächspartner die richtige wählt.
- In geschäftlichen Gesprächen sollten Sie unbedingt die *direkte* Sprache verwenden, um Vereinbarungen zu treffen und Fakten abzuklären. Indirekte Sprache birgt die Gefahr folgenreicher Missverständnisse.
- Werden Sie aufmerksam für *indirekte* Sprache Ihrer Kunden am Telefon, denn Verärgerungen werden häufig indirekt ausgedrückt. Wer ein Ohr dafür entwickelt und durch nachfragen um direkte Meinungen bittet, erhält mitunter wichtige Informationen.

Begriffsdefinitionen und Werturteile

Im Alltag verwenden wir ununterbrochen Schlagworte, mit denen wir eindeutig auszudrücken glauben, was wir meinen. Aber ist das wirklich so? – Eine Form solcher Schlagworte sind Abstraktionen. *Kundenorientierung, Freundlichkeit, Qualität, Flexibilität* sind zeitgemäße Beispiele viel verwendeter Abstraktionen, unter denen sich jeder etwas vorstellen kann. Das Problem scheint nur zu sein, dass nie Konsens darüber besteht, was denn diese Begriffe genau bedeuten. Nehmen Sie nur den Begriff *Freundlichkeit*. Was genau gehört für Sie dazu, um von *Freundlichkeit* sprechen zu können? Ist es schon ausreichend, wenn jemand eine freundliche Stimme hat? Sollte er Höflichkeitsfloskeln verwenden? Muss Freundlichkeit ehrlich sein, oder reicht es allein aus, so zu tun, als ob? Allein über diese wenigen Fragen käme man schnell zu aufreibenden Diskussionen. Und am Ende müsste man feststellen, selbst wenn zwei Menschen der Ansicht sind, man solle sich am Telefon freundlich verhalten, würden Sie doch etwas ganz unterschiedliches meinen.

Schlagworte sind häufig nicht genau definiert

Eine andere Form, in der die Definitionen zwischen Menschen stark variieren, sind Werturteile. Gut und schlecht, schön und hässlich, wichtig und unwichtig, all das sind höchst persönliche Werturteile, die sehr stark differieren können. Wie weit die Vorstellungen über das, was wichtig oder gut ist, auseinanderklaffen, zeigt jede lebhafte politische Diskussion.

Die Bedeutung für Ihre Telefonate liegt auf der Hand. Je größer die Übereinstimmung der Begriffsdefinitionen zwischen Ihnen und Ihrem Gesprächspartner ist, desto reibungsloser verläuft die Kommunikation. Wenn aber die Erwartungen, die beispielsweise Ihr Kunde mit *Kundenorientierung* verknüpft, deutlich von Ihren Vorstellungen abweichen, dann werden Sie sich beide im Recht fühlen und den anderen im Unrecht erleben, ohne zu verstehen, wie das zu erklären ist.

Im folgenden Beispiel erleben Sie, wie zwei unterschiedliche Vorstellungen über »*hohe Kosten*« aufeinander treffen.

Herr Müller »Also ich wüsste gerne, wie die Kosten sind.«
Herr Schulte »Ja, ich denke die Anfangsinvestition ist nicht der Rede wert.«
Herr Müller »Sie meinen, das ist finanzierbar?«
Herr Schulte »Locker, Herr Müller, Sie müssen den Leistungsumfang bedenken und wie schnell sich das rechnet.«

Herr Müller	»Mit welchem Betrag muss ich denn konkret rechnen?«
Herr Schulte	»Nach den Berechnungen werden das nur 2.000 Euro pro Monat sein.«
Herr Müller	»Was? Das ist aber sehr viel.«
Herr Schulte	»Die Zusatzleistungen sind schon enthalten und die Kalkulation ist bereits deutlich unter Listenpreis.«

Dieses Dilemma lässt sich nie auflösen. Wann immer Sie mit einem Menschen sprechen, werden Sie und Ihr Gesprächspartner Abstraktionen und Werturteile verwenden. Eine Verbesserung Ihrer Telefonkommunikation werden Sie aber in dem Maße erleben, in dem es Ihnen einerseits gelingt, wahrzunehmen, wann Sie unausgesprochen von bestimmten Definitionen ausgehen, und welche das sind. Zum anderen können Sie Ihren Gesprächspartner besser verstehen und sich verständlicher darstellen, wenn Sie erfragen, wie der andere bestimmte Schlagworte und Werte definiert. Dazu zwei Beispiele:

Schlagworte und Werte definieren

Herr Müller	»Mir hat Ihr Service sehr gut gefallen.«
Frau Maier	»Danke Herr Müller. Darf ich fragen, was Ihnen besonders gefallen hat?«

Frau Maier hinterfragt hier das Werturteil, um genau zu erfahren, welche Details dem Kunden besonders gefallen haben. Vielleicht wird sie feststellen, dass es ganz andere Punkte sind, als die, die sie selbst für wichtig gehalten hat. Sie gibt sich damit nicht einfach mit dem Lob zufrieden, sondern verbessert ihr Verständnis für den Kunden, um in Zukunft noch genauer zu wissen, was diesem und vielleicht auch anderen Kunden besonders wichtig ist.

Frau Schulz	»Also ich bin mit Ihrem Service überhaupt nicht zufrieden.«
Frau Maier	»Das ist schade, Frau Schulz. Sagen Sie mir doch bitte, welchen Service Sie sich wünschen.«

Frau Maier versucht zu erfahren, was für die Kundin zum Service dazugehört. Damit hat sie die Möglichkeit, ihre eigene Definition von Service mit der Definition der Kundin zu vergleichen. Sie erlangt so ein besseres Verständnis für die Anliegen der Kundin und schaltet nicht sofort auf Abwehr, indem sie sich beispielsweise sofort verteidigt.

Tipps für den Umgang mit Begriffsdefinitionen und Werturteilen

- Hinterfragen Sie die Begriffsdefinitionen und Werturteile Ihrer Gesprächspartner. Dazu sollten Sie offene Fragen benutzen. Geschlossene Fragen erlauben nur eine Ja-oder-Nein-Antwort. Beispiel: »Gehen Sie heute in die Kantine?« Offene Fragen hingegen fordern zu mehr Information auf. Alle W-Fragen gehören dazu: Wer, wie, was, warum, wo, wann, wozu. Mit ihnen erhalten Sie die Auskunft, um Ihre Begriffsdefinitionen mit denen Ihres Gesprächspartners abzugleichen. — *Begriffe und Werte hinterfragen*
- Bei Begriffen wie Service, Qualität und Kundenorientierung ist es wichtig, beim Gesprächspartner herauszustellen, woran er das erkennen kann. Sagen Sie also, was Sie unter bestimmten Abstraktionen verstehen, machen Sie sie konkret, damit sie auch für den Gesprächspartner greifbar werden. — *Abstraktionen »greifbar« machen*

Übungen

Begriffliche Klarheit schaffen

Sie erhalten nun eine Liste von typischen Abstraktionen, über die im Berufsleben immer wieder gesprochen wird. Wählen Sie sich die Begriffe aus, die Sie häufig verwenden, oder auf die man in Ihrem Umfeld häufig Bezug nimmt. Notieren Sie, was für Sie wichtiger Definitionsbestandteil des jeweiligen Begriffs ist. Achten Sie auch in den kommenden Gesprächen darauf, wie Ihre Gesprächspartner diese Begriffe definieren.

Team
....

Kollegialität
....

Service
....

Freundlichkeit
....

Engagement
....

Verantwortungsbereitschaft
....

Erreichbarkeit
....

Schnelligkeit
....

Flexibilität
....

Kollegen besser kennen lernen

Wissen Sie eigentlich, was Ihre Kollegen an der Zusammenarbeit mit Ihnen schätzen? Finden Sie es einfach heraus. Aber machen Sie sich zunächst einige Gedanken und notieren Sie sich, was Sie selber an der Zusammenarbeit mit dem oder den entsprechenden Kollegen schätzen. Notieren Sie die Punkte, die für Sie die Zusammenarbeit besonders gut machen, und bringen Sie sie in eine Rangreihe.

....
....
....
....
....
....
....
....
....
....
....
....
....
....
....
....
....
....
....
....

Fragen Sie dann den Kollegen oder die Kollegin bei passender Gelegenheit, was er oder sie an der Zusammenarbeit mit Ihnen schätzt. Vergleichen Sie dann nach dem gemeinsamen Gespräch die Antworten und Eindrücke mit Ihren eigenen Gedanken.

Trigger

»Ach Frau ... ehhm ... Können Sie mir nicht einen Kollegen geben?«
»Haben Sie denn schon Erfahrung damit?«
»Sie sind wahrscheinlich noch nicht so lange im Unternehmen?«
»Sie kennen sich da wahrscheinlich nicht aus, geben Sie mir mal ...«

Trigger sind Auslöser für starke Emotionen

Für viele Menschen sind Aussagen wie diese nicht einfach nur Fragen oder Sätze, sondern sie können sie »einfach nicht mehr hören«. Wenn dann jemand am Telefon einen solchen Satz sagt, dann löst er starke Emotionen wie Wut oder Aggression aus, je nach der Bedeutung, die die entsprechende Aussage für den Hörer hat.

Vielleicht sind es bei Ihnen andere Sätze oder Formulierungen, die diesen Effekt eines Auslösers haben. Allen gemeinsam ist, dass die Reaktionen, die sie auslösen, mit einem außerordentlich heftigen Gefühl verbunden sind. Man spürt selbst, dass man nicht mehr besonnen reagieren kann. In einem solchen Fall wirken die Aussagen wie Trigger, also Auslöser, die fast automatisch eine Reaktion starten. Vielfach ärgert man sich dann über sein eigenes Verhalten und seine Gefühle, ist ihnen aber mehr oder weniger hilflos ausgeliefert.

Sie sollten Ihre eigenen Trigger kennen. Einerseits können Sie dann nämlich rechtzeitig gegensteuern, bevor die Reaktionen wie ein Programm bei Ihnen gestartet werden. Andererseits ist die Kenntnis der eigenen Trigger wichtig, weil sie wie Tretminen wirken: Eine unbedachte Äußerung des Gesprächspartners löst etwas aus, was er nicht abschätzen konnte – weil es nicht so gemeint war.

In einigen Gesprächen nutzen Gesprächspartner die Trigger auch mit Absicht, um den anderen zu testen oder aus der Fassung zu bringen. Aussagen wie: »Typisch Frau.«, »Typisch Beamter.«, »Das schaffen Sie bestimmt nicht.« zielen häufig ganz bewusst darauf ab, beim anderen ein »Programm zu starten«. Auch in solchen Fällen ist es hilfreich, ein Bewusstsein für die eigenen Trigger zu entwickeln, um rechtzeitig zu reagieren. Es erscheint schließlich wenig erstrebenswert, dass eine andere Person mehr Kontrolle über die eigenen Reaktionen hat als man selber.

Es gibt zahlreiche unterschiedliche solcher Auslöser. Die einen verursachen Ärger oder Wut. Andere wiederum bewirken andere Gefühls-Verhaltenssequenzen, beispielsweise Hilflosigkeit:

Herr Schulz arbeitet seit kurzem am Servicetelefon. Er ist noch nicht vollständig mit allen Geräten vertraut, über die die Kunden informiert werden wollen. Insbesondere ein Gerät, nennen wir es MXL-530, kennt er überhaupt nicht.

Herr Schulz weiß nie, was er sagen soll, wenn jemand darüber eine genaue Auskunft haben will. Mittlerweile ist es so, dass er sofort an einen seiner Kollegen weitervermittelt, wenn er nur das Wort MXL-530 hört. Es löst bei ihm Hilflosigkeit und sofortige Abwehr aus. Das ist deshalb problematisch, weil viele Personen gar keine Informationen über MLX-530 benötigen, sondern nur wissen möchten, wer ihnen bezüglich konkreter Fragen Auskunft geben könnte. Weil Herr Schulz diese Fragen gar nicht mehr hört, vermittelt er oft an falsche Personen weiter, was natürlich zusätzlichen Ärger bedeutet. Könnte er gelassen bleiben und den Anrufer zu Ende anhören, würde ihm das nicht passieren, denn die unterschiedlichen Ansprechpartner für MLX-530 kennt er.

Andere Trigger bewirken zum Beispiel übertriebene Freundlichkeit, hektische Betriebsamkeit oder starren Widerspruch aus. Entscheidend ist, dass Sie selber merken, dass diese Reaktionen Sie blockieren und dass Sie erkennen, welche Aussage oder welches Wort der Auslöser ist.

Identifizieren Sie Ihre Trigger, damit Sie in Zukunft bewusst den automatischen Ablauf der Gefühls-Verhaltens-Sequenz unterbrechen können, um zuerst zu hören, was genau gesagt oder gefragt wurde und dann zu reagieren. Beobachten Sie sich dazu in den nächsten Telefonaten und Gesprächen einmal genauer.

Übungen

Persönliche Trigger identifizieren

Erinnern Sie sich an einige schwierige Telefonate, in denen Sie mit Ihrer Reaktion unzufrieden waren. Nehmen Sie solche Telefonate, in denen Sie starke Gefühlsreaktionen erlebt haben. Konzentrieren Sie sich nun auf eine dieser Situationen. Versuchen Sie zunächst, das Gefühl zu benennen, das Sie erlebt haben. Rekonstruieren Sie anschließend, welche konkreten Verhaltensweisen dieses Gefühl ausgelöst hat.

Analysieren Sie nun auch für die anderen Situationen die entsprechenden Gefühls-Verhaltenssequenzen.

Trigger auslöschen

Wählen Sie eine Gefühls-Verhaltenssequenz aus der vorherigen Übung, die Sie für die Zukunft ändern möchten.

Schritt 1: Wenn Sie den genauen Auslöser bereits kennen, dann können Sie mit dem nächsten Schritt fortfahren. Anderenfalls oder zur Überprüfung achten Sie in den kommenden Telefonaten bewusst darauf, wann Ihre Reaktion abläuft. Versuchen Sie durch wiederholte Beobachtungen in ähnlichen Situationen herauszufinden, welcher Trigger das Programm startet.

Schritt 2: Überlegen Sie sich, welches Verhalten Sie anstelle der automatischen Reaktion zeigen möchten. Suchen Sie Telefonate oder andere Gesprächssituationen, in denen es Ihnen schon gelungen ist, sich so zu verhalten, wie Sie es sich wünschen. Sammeln Sie die konkreten Verhaltensweisen, an denen man dieses Verhalten erkennen konnte. Machen Sie sich einige kurze Notizen, die Sie später zur Unterstützung in der Nähe Ihres Telefons anbringen können.

Schritt 3: Nun geht es daran, die neuen Reaktionen einzuüben. Sie kennen mittlerweile Ihren Trigger, und Sie wissen, wie Sie reagieren wollen und können. Wenn Sie im nächsten Telefonat den Trigger hören, dann instruieren Sie sich selbst und zeigen Sie die gewollten Verhaltensweisen. Schauen Sie gegebenenfalls auf den Notizzettel in Telefonnähe. Sie werden feststellen, mit einiger Übung durchbrechen Sie so alte Verhaltensprogramme und bauen sinnvolle Verhaltensgewohnheiten auf.

Zuhör-Techniken

Die Kluft zwischen Meinen und Verstehen mag zwar weiterhin bestehen, aber sie wird sich in Ihren zukünftigen Telefonaten zusehends verringern, wenn Sie die Punkte beachten, die im vorangegangenen Abschnitt besprochen wurden. Sie werden erleben, dass Sie wahrscheinlich fast automatisch gezielter zuhören.

Das Zuhören spielt in diesem und in den beiden folgenden Kapitelsequenzen eine außerordentlich große Rolle. Es geht in diesen drei Abschnitten darum, das Zuhören aus verschiedenen Perspektiven zu betrachten. Als Ergebnis erhalten Sie jeweils Informationen, die insgesamt einen abgerundeten Gesamteindruck dessen bieten, was Gesprächsverhalten am Telefon ausmacht.

Mit einigen Grundtechniken können Sie ganz gezielt überprüfen, ob Sie Ihren Gesprächspartner richtig verstanden haben, oder ob er Sie richtig verstanden hat. Die Anwendung dieser Techniken hat gleichzeitig den Nebeneffekt, den Kontakt zum Gesprächspartner besser aufbauen oder halten zu können. Diesen nützlichen Effekt sollten Sie sich in jedem Telefonat zunutze machen. Deshalb empfehlen wir die häufige Anwendung der hier vorgestellten Techniken. Sie brauchen dazu keinen Arzt oder Apotheker zu konsultieren, es sind nur positive Nebenwirkungen bekannt.

Gesprächspartner richtig verstehen

An anderer Stelle wird auf diese Techniken immer wieder Bezug genommen, um Ihnen Hilfestellung zu geben, wann sich die Anwendung einer bestimmten Technik besonders gut eignet.

Aktives Zuhören und Paraphrasieren

Beim aktiven Zuhören fassen Sie das Gesagte mit Ihren eigenen Worten zusammen. Beim Paraphrasieren sagen Sie noch einmal das, was Ihr Gesprächspartner Ihnen gerade gesagt hat.

Herr X »Ich möchte, dass der nun vereinbarte Liefertermin sicher eingehalten wird. Wenn Verzögerungen entstehen könnten, dann sagen Sie es mir lieber gleich. Nicht dass es später hin und her geht.«

Beim aktiven Zuhören könnten Sie beispielsweise sagen:

Sie »Sie möchten eine verlässliche Zusage ...«

Während Sie sich beim Paraphrasieren folgendermaßen äußern könnten:

Sie »Sie möchten, dass wir den Termin unbedingt einhalten und lieber gleich sagen, wenn es Unsicherheiten gibt ...«

Schweigen

Schweigen sollten Sie dann bewusst einsetzen, wenn der Gesprächspartner etwas beschreibt oder darstellt, Erklärungen abgibt, Fragen formuliert. Wenn Sie in solchen Situationen schweigen und nicht unterbrechen, signalisieren Sie damit aufmerksames Zuhören und Interesse.

Am Telefon fragt sich Ihr Gesprächspartner in längeren Schweigephasen, in denen Sie beispielsweise geschäftig nach einem Formular suchen allerdings, ob Sie noch existieren. Deshalb sollten Sie diese Technik vornehmlich in den oben beschriebenen Situationen einsetzen.

Emotionen spiegeln

Beim Spiegeln von Emotionen versuchen Sie das Gefühl, das der andere hat und mit dem er seiner inhaltlichen Aussage Ausdruck verlieh, wiederzugeben.

Gefühle einordnen

Herr X »Ich möchte, dass der nun vereinbarte Liefertermin sicher eingehalten wird. Wenn Verzögerungen entstehen könnten, dann sagen Sie es mir lieber gleich. Nicht dass es später hin und her geht.«

Sie »Sie zweifeln, ob ich meine Zusage einhalte ...«

Aufmerksamkeit bekunden

Aufmerksamkeit bekunden Sie im Grunde mit jeder der hier angesprochenen Techniken. Die einfachste Form, Aufmerksamkeit zu zeigen, sind akustische Reaktionen, die dem Gesprächspartner signalisieren, dass sie noch am Telefon sind. Beispielsweise: »Ja«; »Mmmh«; »Genau«; »Ach so! (?)«; » Nein, ehrlich ?«.

Proaktives Zuhören

Beim proaktiven Zuhören nehmen Sie vorweg, was der andere mit hoher Wahrscheinlichkeit sagen wird. Diese Technik eignet sich besonders beim Umgang mit Einwänden. Indem Sie diese vorwegnehmen, zeigen Sie Verständnis und Kompetenz. Gleichzeitig entwaffnen Sie den Einwand des Gesprächspartners, bevor er aufkommt.

Sie »In Anbetracht Ihrer knappen Zeit wollen Sie sicher einen absolut sicheren Termin, deshalb sage ich Ihnen gleich den Freitag zu.«

Herr X »Ja genau! Gut, das ist wichtig für mich. Ich möchte, dass der Termin sicher eingehalten wird, damit es später nicht hin und her geht.«

Bewusstes Nachfragen

Bewusstes Nachfragen vermindert die Gefahr, Lösungen vorzuschlagen, die Ihr Gesprächspartner dann nicht akzeptiert. Sie entlasten sich selbst im Gespräch. Außerdem eröffnen Sie damit das gemeinsame Gespräch und die gemeinsame Themenwahl.

Herr X »Ich möchte, dass der nun vereinbarte Liefertermin sicher eingehalten wird. Wenn Verzögerungen eintreten könnten, dann sagen Sie es mir lieber gleich. Nicht dass es später hin und her geht.«

Sie »Wäre es Ihnen denn am Freitag passend? Zwischen 12 Uhr und 13 Uhr könnten wir vorbeikommen.«

Eigene Befindlichkeit mitteilen

Eigene Gefühle ansprechen

Beim Darstellen der eigenen Befindlichkeit melden Sie dem Gesprächspartner zurück, wie das Gesagte auf sie wirkt. Sie spechen Ihr eigenes Gefühl aus. Besonders stark wirkt dies, wenn Sie angenehme Gefühle haben und diese rückmelden.

Herr X »Ich möchte, dass der nun vereinbarte Liefertermin sicher eingehalten wird. Wenn Verzögerungen eintreten könnten, dann sagen Sie es mir lieber gleich. Nicht dass es später hin und her geht ...«

Sie »Ich finde es schade, dass Sie meiner Zusage nicht vertrauen, sichere Ihnen aber zu, dass ich alles unternehme, um sie einzuhalten.«

Bewusstes Überhören

Es gibt Situationen, da ist es besser, Sie überhören bewusst Teile dessen, was der Gesprächspartner gerade gesagt hat. Sie sollten insbesondere dann nicht auf diese Aspekte eingehen, wenn diese Konflikte heraufbeschwören oder unangenehme Erfahrungen wieder wachrufen.

Herr X »Ich möchte, dass der Liefertermin, den wir jetzt vereinbaren, auch sicher eingehalten wird. Wenn es wieder Verzögerungen gibt, wie bei der letzten Lieferung, dann sagen Sie mir es lieber gleich. Nicht dass es dann wieder hin und her geht.«

Sie »Okay, ich suche einmal im Terminplan, wann ich Ihnen einen hundertprozentigen Termin zusichern kann.«

Ich-Botschaften

Sie drücken bewusst das aus, was Sie meinen, denken, fühlen. Das erreichen Sie, wenn Sie in der Ich-Form sprechen. Sie übernehmen so bewusst Verantwortung für das, was Sie sagen. Der Gegensatz dazu ist, dass man sich hinter einem allgemeinen «es ist», «man« oder »wir« verbirgt. Wir-man-es-Sätze demonstrieren für den Zuhörer mangelnde Bereitschaft, Verantwortung für seine Aussage zu übernehmen.

> **Übung**
>
> *Zuhören beim Zuhören*
>
> Beobachten Sie in der folgenden Woche Ihre Gesprächspartner am Telefon oder in Gesprächen von Angesicht zu Angesicht, inwieweit sie die hier angesprochenen Techniken verwenden. Nehmen Sie sich dazu vor, pro Tag nur auf zwei oder drei Techniken zu achten, dann haben Sie noch genügend Kapazitäten frei, inhaltlich zu folgen oder sich am Gespräch zu beteiligen. Haben Sie jetzt Lust bekommen, es selbst zu probieren?

Hauptstraßen, Nebenstraßen, Kreisverkehr

Sicher fragen Sie sich nun: Was haben Hauptstraßen, Nebenstraßen und Kreisverkehr mit dem Telefonieren zu tun? – Dies sind Bilder, die einen weiteren Aspekt ansprechen, der hilft, inhaltliche Prozesse, die während eines Gespräches ablaufen, besser zu verstehen.

Wann immer Sie während eines Telefonats sprechen, reden Sie über ein Thema. Alle Sätze, die Sie formulieren, beziehen sich auf etwas. Im Telefonat werden beide Gesprächspartner in der Regel stets über mehrere Sequenzen zu einem Thema sprechen. Selten handelt ein Telefonat nur von einem einzigen Gesprächsgegenstand. Meist wechseln sich mehrere Themen ab. Man kommt auf Teilaspekte des gleichen Themas zu sprechen, beispielsweise, wenn man sich zunächst über die Ausstattung eines Produktes, dann über die Produktvorteile, anschließend über die Kosten unterhält. In anderen Telefonaten wechselt man zu ganz unterschiedlichen Thematiken, man unterhält sich beispielsweise über die Arbeit, wechselt zur Freizeit und tauscht dann Urlaubspläne aus.

Hauptstraßen

Der Gesprächsanlass ist in der Regel die Hauptstraße

Das Thema, um das es in erster Linie im Telefonat geht, ist meist der Gesprächsanlass. Wie auf einer Hauptstraße bewegt man sich dem Ziel des Gesprächs immer näher, wenn man bei diesem Thema bleibt. Das ist aber eher die Ausnahme. Während man sich unterhält, ergeben sich immer Abzweigungen. Plötzlich kommt man auf dieses oder jenes Thema: das Gespräch bewegt sich von der Hauptstraße auf Nebenstraßen. So verlaufen Telefonate ganz anders, als man es sich im Vorfeld gedacht hat, und enden bei Themen, die sich erst im Laufe des Telefonats als die entscheidenden entpuppt haben.

Sie werden besser verstehen, was in Ihren Telefonaten passiert, und Ihre persönlichen Gesprächsziele besser verfolgen können, wenn Sie Ihre Wahrnehmung sensibilisiert haben, früh zu erkennen, wann Sie die Hauptstraße verlassen und sich Nebenstraßen im Gespräch auftun. So fällt es leichter, schwierige Situationen bereits in der Entstehung zu erkennen, Telefonate zu verkürzen oder bei Bedarf mehr Informationen vom Gesprächspartner zu erhalten.

Nebenstraßen

Als Nebenstraßen im Gespräch wurden die Abzweigungen bezeichnet, die sich in Telefonaten ergeben. Genauer muss man eigentlich sagen, dass Sie oder Ihr Gesprächspartner diese Nebenstraßen anbieten. Das passiert häufig ganz unbeabsichtigt. Sie sprechen über das eine Thema, Ihr Gesprächspartner kommt irgendwie auf ein anderes, Sie gehen darauf ein, kommen vom eigentlichen Gesprächsgegenstand ab und landen unerwartet bei einem ganz unvorhersehbaren Thema. Manchmal findet man den Weg zur Hauptstraße zurück, manchmal verläuft man sich in weiteren »Nebenstraßen« und endet irgendwo.

Nebenstraßen ergeben sich häufig ganz von selbst

Im folgenden Beispiel können Sie die Hauptstraßen und Nebenstraßen eines Telefonats zwischen zwei Kollegen verfolgen. Die Kommentare nach jedem Gesprächsbeitrag machen die Struktur des Ablaufs sichtbar. So können Sie das Gespräch auf zwei Ebenen verfolgen.

Herr Maier »… tja und als ich dann mit Müller telefoniert habe, da kam dann kurz der Fischer rein und hat noch mitgehört, was Müller alles von mir wollte. Ich weiß gar nicht, wann ich das in der nächsten Woche alles erledigen soll.«

Das Thema, bei dem wir hier einsteigen, und um das es schon in mehreren Bemerkungen im Vorfeld ging, ist das, was der Vorgesetzte Müller von Maier wollte. Dies ist die Hauptstraße. Nennen wir sie »Müllers Forderungen«. Mit dem Thema Fischer wird eine Nebenstraße eröffnet.

Herr Schulz »Fischer war bei dir? Der ist doch erst seit kurzem wieder da!? Ist der denn jetzt wieder ganz gesund?«

Schulz nimmt die Nebenstraße. Er geht nicht auf das Thema »Müllers Forderungen« ein, sondern auf das Thema »Fischer« und bietet gleich ein Thema an: »Fischers Gesundheit«.

Herr Maier »Ja, so wie er sagt, scheint er sich auskuriert zu haben. Er kommt ja jetzt zu uns in die Abteilung, im März.«

Maier geht nur kurz auf »Fischers Gesundheit« ein. Sein Themenangebot ist »Fischer in unserer Abteilung«.

Herr Schulz »Ist seine Krankheit denn so schnell verheilt?«

Schulz überhört Maiers alternativen Themenvorschlag und bleibt auf seiner Nebenstraße »Fischers Gesundheit«.

Herr Maier »Ja, ja. Er hat nichts dazu gesagt. Aber er scheint auch Interesse zu haben hier zu arbeiten.«

Maier überhört auch den zweiten Vorschlag von Schulz, über »Fischers Gesundheit« zu sprechen, und bleibt auf seiner Nebenstraße »Fischer in unserer Abteilung«. Damit ist klar, hier gibt es keinen Konsens. Entweder man kehrt zu einem früheren Thema zurück oder jemand bietet ein neues Thema an.

Herr Schulz »Du sag mal, hat Müller auch was über die Sache mit Schneider gesagt, an der ich gerade arbeite?«

Schulz wählt die erste Variante. Er kehrt zur Hauptstraße zurück. Es wird wieder über den Vorgesetzten Müller gesprochen.

So, wie wir es in diesem Beispiel gemacht haben, kann man jedes Gespräch sehen: Als Aneinanderreihung von Themen, die im Wettbewerb stehen, besprochen zu werden. Berufliche Telefonate sind zwar inhaltlich von privaten Telefonaten zu unterscheiden, es laufen aber die gleichen Prozesse ab.

In privaten Telefonaten mit Freunden geht es beispielsweise in der Regel darum, sich interessant zu unterhalten. Was für beide gleichermaßen von Interesse ist, ergibt sich häufig während des Gesprächs. Ein solches Telefonat verhält sich so, als ob man eine Spazierfahrt im Auto unternimmt. Und bei solchen Fahrten will man nicht immer auf der Hauptstraße bleiben, sondern auch einmal die eine oder andere interessante »Nebenstraße« entdecken.

In beruflichen Telefonaten ist dieses Bild eher unpassend. Hier geht es darum, Ihre Anliegen zu vertreten und eigene Ziele zu verfolgen. In solchen Telefonaten ist es wichtig zu wissen, welches die eigene Hauptstraße ist und wo Nebenstraßen auftauchen, die vom eigentlichen Thema ablenken.

Wenn Sie in solchen Gesprächen Hauptstraßen und Nebenstraßen nicht unterscheiden können, dann steuern nicht Sie das Gespräch, sondern Sie werden im Gespräch gesteuert. Eigene unbewusste Motive bewegen dann dazu, das Gespräch auf Nebenstraßen zu lenken oder auf angebotene Nebenstraßen des Gesprächspartners einzugehen.

So können Sie Haupt- und Nebenstraßen gezielt erkennen:

- ❖ Wenn Sie Telefonate kurz halten möchten, dann achten Sie darauf, beim Gesprächsthema zu bleiben. Wenn Sie durch neue Themen Nebenstraßen anbieten, erhöhen Sie automatisch die Wahrscheinlichkeit, dass das Telefonat sich verlängert.
- ❖ Ein weiterer Punkt, Telefonate kurz zu halten, besteht darin, nicht auf die Nebenstraßen einzugehen, die der Gesprächspartner Ihnen anbietet. Manchmal muss man sich dazu sehr einschränken, weil die Nebenstraßen verlocken und man gerne zu diesem Thema sprechen würde. Bemühen Sie sich, beim zentralen Gesprächsgegenstand zu bleiben oder zu ihm zurückzukehren.
- ❖ Wenn Sie mit schweigsamen Gesprächspartnern zu tun haben, die Sie gerne mehr beteiligen möchten, dann verfahren Sie genau umgekehrt, wie oben beschrieben. Wechseln Sie die Themen, schweifen Sie von Thema zu Thema. So bieten Sie viele Gelegenheiten, den Faden aufzunehmen.
- ❖ Wenn Sie erst einmal etwas Übung haben, Gesprächsthemen zu erkennen und selbst bewusst Themen steuern können, dann können Sie das, was später im Kapitel 7 besprochen wird, kombinieren: Steuern Sie bewusst positive Themen an, die beim Gesprächspartner angenehme Erfahrungen auslösen.
- ❖ Mit steigender Aufmerksamkeit für die einzelnen Themen wächst Ihre Fähigkeit, schnell zu erfassen, welche Interessen beim Gesprächspartner besonders hervortreten. Dies zu erkennen ist die Voraussetzung, angemessen zu reagieren.

Übung

Machen Sie sich in den folgenden Tagen bei den Telefonaten, die Sie führen, ein Themenprotokoll: Notieren Sie stichwortartig das Thema, über das Sie sprechen. Wenn das Thema wechselt, dann suchen Sie sich einen Titel für diesen neuen Gesprächsgegenstand und so fort.

Schulen Sie auf diese Weise Ihre Wahrnehmung für die unterschiedlichen Themenwechsel im Gespräch und für das Erkennen von Hauptstraßen und Nebenstraßen.

Beobachten Sie, wer die Nebenstraßen anbietet, wer darauf eingeht, und wie zielgerichtet Sie selbst telefonieren.

Kreisverkehr

Ein anderes Muster im Telefonat ist der Kreisverkehr. Dieser Begriff beschreibt bildhaft, wie manche Telefonate verlaufen: Das Gespräch bewegt sich nicht voran, man spricht zwar, aber thematisch bewegen sich beide Gesprächspartner im Kreis.

Im Beispieldialog unter dem Abschnitt zu den Nebenstraßen gab es eine Stelle am Ende des Dialogs, in der das Gespräch kurze Zeit kreiste. Schulz und Maier sprachen jeweils über ihr eigenes Thema, bemerkten aber dann, dass es keine Einigung gibt. Schulz wechselte dann wieder zurück auf die Hauptstraße.

Für Sie wird es sehr hilfreich sein, Kreisverkehr im Telefonat zu erkennen, denn es ermöglicht Ihnen, früh zu bemerken, wann Sie im Telefonat gegensteuern müssen.

Viele Konflikte am Telefon eskalieren deshalb, weil nicht erkannt wird, dass man nicht vorankommt. Jeder versucht dann den Gesprächspartner zu »zwingen«, doch endlich auf das eigene Themenangebot einzugehen. Der bessere Weg ist folgender:

- Lernen Sie, so früh wie möglich zu erkennen, wann sich ein Gespräch im Kreis dreht. Wenn Sie feststellen, dass Sie sich inhaltlich im Kreis bewegen, dann müssen Sie entscheiden, ob es möglich ist, thematisch auszuweichen, oder ob eine Klärung erforderlich ist.
- Machen Sie den Kreisverkehr zum Thema. Sprechen Sie direkt an, dass Sie feststellen, dass sich das Gespräch im Kreis bewegt. Fragen Sie den Gesprächspartner, wie es weitergehen könnte, oder sagen Sie es in schwierigen Telefonaten, wenn Sie den Eindruck haben, dass eine Klärung in dem entspechenden Punkt nicht möglich ist.
- Wenn Sie trotz der offenen Ansprache feststellen, dass sich das Gespräch nicht weiterbewegt, dann ist das ein Signal für das Gesprächsende. Sprechen Sie gegebenenfalls erneut an, wie Sie die Situation erleben, und führen Sie das Gespräch zum Ende.
- Klären Sie in Zukunft bereits vor bedeutsamen Gesprächen, was Sie besprechen wollen. Eine kurze Vorbereitung wichtiger Telefonate (dazu siehe auch Kapitel 8, Mindmap als Notizsystem) stellt eine Mehrarbeit dar, für die Sie rasch belohnt werden, weil Sie Gespräche zukünftig inhaltlich durchschauen und rascher erkennen, wenn Sie sich von Ihrem eigentlichen Thema entfernen.

Kapitel 4
Typgerecht telefonieren

Die eigene Telefonpersönlichkeit besser einsetzen

Solange Ihre Telefonate angenehm verlaufen und Sie im Gespräch das erreichen, was Sie sich zum Ziel gesetzt haben, werden Sie möglicherweise keinen Anlass haben, über Ihr Gesprächsverhalten nachzudenken. Die wenigsten Menschen werden aber glaubhaft versichern können, dass sie keine kritischen Situationen kennen, Situationen, in denen sie gerne besser am Telefon reagiert hätten.

Solche Telefonate geben meist den Anstoß, genauer darüber nachzudenken, wie das Gespräch verlaufen ist, was man selbst gesagt und wie man reagiert hat, was man hätte tun können, um ein anderes Gesprächsergebnis zu erzielen. All das sind Fragen, die mit der eigenen Wirkung auf andere Gesprächspartner zu tun haben.

In diesem Kapitelabschnitt untersuchen wir daher aus einer anderen Perspektive, was ein gelungenes Telefonat ausmacht: Im Folgenden geht es um Ihre Persönlichkeit. Sie erhalten die Möglichkeit, Ihren Telefontyp einzuschätzen und erfahren, wie die Verhaltensmuster unterschiedlicher Telefontypen den Verlauf eines Telefonats beeinflussen. Aus dieser Perspektive lernen Sie zu verstehen, welche Reaktionen Sie auslösen, und wie Ihr Verhalten von anderen Gesprächspartnern wahrgenommen wird.

Da es unterschiedliche Telefontypen gibt, lernen Sie auch die Vorteile anderer Verhaltensweisen kennen. So können Sie Ihr Verhaltensrepertoire gezielt erweitern und mit neuen Möglichkeiten in die Telefonate gehen, die Ihnen bisher noch Schwierigkeiten bereiteten.

Folgendes Beispiel zeigt eine solche kritische Situation. Anhand dieses Beispiels lässt sich anschließend gut darstellen, warum solche persönlichen kritischen Gesprächssituationen sehr aufschlussreich sind und welche Konsequenzen man daraus ziehen kann.

Herr Rüher, ein Kunde, beschwert sich bei Frau Willig, dass ein Termin nicht eingehalten wurde.

Zu Beginn des Telefonats lässt Frau Willig den Kunden seinen Ärger ausspre-chen. Als sie etwas sagen will, unterbricht sie Herr Rüher und redet lautstark weiter. Frau Willig beginnt sich zu ärgern, denn ein Kollege aus dem Außen-dienst hat den Termin nicht eingehalten.

Als Sie endlich zu Wort kommt, fragt Sie knapp und bewusst sachlich nach, wann der Termin war, und bittet den Kunden, seine Kundennummer zu nen-nen. Dieser gibt sie unwirsch an. Frau Willig versucht im Computer nachzu-vollziehen, worum es genau geht. Kurze Zwischenbemerkungen des Kunden, ob es denn nun endlich vorangehe, überhört sie. Frau Willig liest laut, der Termin sei ja nur eine Circa-Angabe, und sie wisse momentan nicht, warum der Kol-lege noch nicht dagewesen sei. Das stachelt den Kunden weiter auf. Laut rügt er die Desorganisation des Unternehmens. Frau Willig sagt in betont sachlichen, aber bestimmten Ton, dass Herr Rüher mit seinen Vorwürfen und seinem unmöglichen Verhalten auch nichts ändert. Herr Rüher verliert die Fassung, verlangt den Namen des Vorgesetzten und legt auf, nachdem er ihn erhalten hat.

Die geschilderte Situation können Sie sich sicher lebhaft vorstellen. Wenn man den Gesprächsverlauf verfolgt, erhält man eine Ahnung davon, wie sich die Si-tuation abgespielt hat. Die Entwicklung, die man hier beobachten kann, zeigt, wie das Verhalten der beiden während des Telefonats immer eindimensionaler wird: Beide Gesprächspartner beschränken sich zunehmend auf einige wenige Verhaltensweisen. Diese wiederum sind charakteristisch für diese Personen. Frau Willig beispielsweise weiß, dass es bei ihr die Regel ist, dass sie mit zuneh-mender Verärgerung sachlicher und kürzer angebunden wird.

Aufschlussreich ist an diesem wie an ähnlichen kritischen Telefonaten Folgen-des:

Aus kritischen Telefonaten kann man lernen

- ❖ Man hat weniger Freiheiten und Flexibilität als in entspannten Telefona-ten. Die Reduktion auf wenige starre Verhaltensweisen ist ein allgemei-nes Kennzeichen von Stresssituationen.
- ❖ Die persönlichen Charaktermerkmale des Handelnden treten besonders deutlich zum Vorschein. Man erkennt also die hervorstechenden Wesenszüge. Daraus kann man viel über seine eigenen Stärken und Schwächen lernen.

Die Beobachtung Ihres eigenen Verhaltens in kritischen Situationen eignet sich dementsprechend besonders gut, um Ihr Verständnis für Ihre persönlichen Eigenarten zu vertiefen. Genau das können Sie jetzt tun! Im folgenden Text sehen Sie drei Situationen für typische Verhaltenstendenzen, wie Menschen in schwierigen Lagen am Telefon reagieren. Erfahrungsgemäß neigen die meisten Menschen in solchen Gesprächssituationen in ihrem Telefonverhalten in eine der drei Richtungen. Lesen Sie diese drei Situationsbeschreibungen durch und prüfen Sie, welche Tendenz am ehesten auf Sie zutrifft.

Vielleicht kennen Sie **Situation 1** am Telefon?

- ❖ Das Gespräch spitzt sich zu. Sie merken, irgendwie geht Ihnen die Kontrolle verloren. Sie spüren, es heißt für Sie »Position beziehen«, um zum Recht zu kommen. Sie werden dabei durchaus etwas lauter.
- ❖ Sie bedauern diese Impulsivität nach solchen Reaktionen zwar manchmal, sagen dann aber auch zu sich, dass ein Gewitter die Luft reinigt, dass Sie sich so Ihre Ziele erkämpfen und man bei Ihnen wenigstens weiß, woran man ist.
- ❖ Vielleicht hat man Ihnen auch schon gesagt, Sie seien sehr direkt oder unsensibel.
- ❖ Sie gehen davon aus, dass man das, was man erreichen will, auch durchsetzen muss. Dabei ist es wichtig, Schwächen zu vermeiden.

Oder kennen Sie eher **Situation 2**?

- ❖ Das Gespräch spitzt sich zu. Eigentlich verstehen Sie das nicht. Sie waren doch bisher ganz freundlich. Sie haben sich wirklich bemüht, den anderen zu verstehen. Sie sind ruhig und leise geblieben und waren bewusst vorsichtig in Ihrem Verhalten.
- ❖ Dabei haben Sie sich auch das eine oder andere mal innerlich gebremst und geschwiegen.
- ❖ Vielleicht hat man Ihnen auch schon geraten, Sie sollen sich nicht alles gefallen lassen. Sie suchen den Fehler bei sich und denken sich, Sie hätten es vielleicht anders angehen sollen. Dann wäre es bestimmt nicht so weit gekommen.
- ❖ Sie erleben sich als Opfer der Umstände und stellen eigene Interessen zurück, wenn Sie feststellen, dass Sie zu sehr auffallen und anecken.

Vielleicht kennen Sie aber auch eher **Situation 3**?

- ❖ Das Gespräch spitzt sich zu. Sie fragen sich, warum der andere nicht so ruhig bleiben kann, so wie Sie. Sie orientieren sich an den Fakten. Hätte man die, dann könnte man prüfen, was wie zu regeln wäre – dazu müsste der Gesprächspartner aber endlich mal zur Sache kommen. Sie werden rasch ungeduldig, lassen es sich aber nicht anmerken. Vielleicht tendieren Sie dazu, die Person zu unterbrechen, wenn nichts Substanzielles gesagt wird oder etwas wiederholt wird, tun es aber dann doch nicht.
- ❖ Kollegen oder Freunde haben Sie schon aufgefordert, etwas mehr Gefühl zu zeigen.
- ❖ An Ihren Gefühlen orientieren Sie sich jedoch selten, das ist Ihnen zu vage. Lieber sind Ihnen klare Vereinbarungen und nachweisbare Daten.

Entscheiden Sie sich nun für eine der geschilderten Beschreibungen. Wählen Sie die, die am ehesten auf Sie zutrifft und Ihr Erleben am treffendsten darstellt. Wenn die Möglichkeit besteht, dann vergleichen Sie Ihr Selbsturteil mit dem Fremdurteil einer Person, die Sie gut kennt, und von der Sie ein ehrliches Urteil erwarten. Man erlebt sich selbst oft anders als andere einen erleben.

Jede der oben beschriebenen Situationen steht für einen Typus mit anderer Grundorientierung im Gespräch. Wenn Sie sich für eine Situation entschieden haben, erfahren Sie nun, welchem Typ Sie entsprechen.

Welcher Telefontyp sind Sie?

Situation 1 beschreibt den **Selbstorientierten**: Seine Grundorientierung ist darauf gerichtet, die eigenen Interessen und Bedürfnisse stets im Auge zu behalten, und sie durchzusetzen.

Situation 2 beschreibt den **Fremdorientierten**: Seine Grundorientierung ist auf Harmonie gerichtet. Deshalb achtet er darauf, die Bedürfnisse des Gesprächspartners zu erkennen und wenn möglich auch zu erfüllen.

Situation 3 beschreibt den **Themenorientierten**: Seine Grundorientierung ist das Thema. Ihn interessiert, worum es eigentlich geht, was die Fakten und Informationen sind.

Diese drei Typen sind stark konturiert. Wenn Sie sich für einen Mischtyp halten, dann beachten Sie, welche Tendenzen am ehesten auf Sie zutreffen und fragen Sie eine Vertrauensperson nach ihrem Fremdurteil. Lesen Sie gegebenenfalls unter den beiden entsprechenden Typen nach.

Die Wirkung der unterschiedlichen Telefontypen

Charakteristisch für ein gutes Telefonat ist die Balance zwischen der Erfüllung der Bedürfnisse der beteiligten Gesprächspartner und der Einigkeit bezüglich der Themen. Der Blick auf die drei Telefontypen zeigt, dass jeder Typ ein anderes Ungleichgewicht im Gespräch erzeugt. Bei jedem dieser drei kreisen die Gedanken im Gespräch verstärkt um einen einzigen Aspekt. Beim »Selbstorientierten« ist dies die eigene Person, beim »Fremdorientierten« ist dies der Gesprächspartner, beim »Themenorientierten« ist es das Gesprächsthema. Jeder Typ vernachlässigt hingegen teilweise oder vollständig die beiden anderen Aspekte, die für ein gutes Gespräch ergänzend beachtet werden müssten.

In der folgenden Übersicht sehen Sie, welche Aspekte der jeweilige Typ konkret vernachlässigt. Lesen Sie unter Ihrem eigenen Telefontyp nach, wo die Balance in kritischen Gesprächen am stärksten gestört wird.

Der Selbstorientierte	**Der Fremdorientierte**	**Der Themenorientierte**
Grundtendenz: Orientiert sich an der Durchsetzung eigener Bedürfnisse *Vernachlässigt werden:* <ul><li>Sensibilität für Wünsche und Bedürfnisse des Gesprächspartners.</li><li>Das gemeinsame Thema.</li><li>Wie geht es dem Gesprächspartner?</li></ul>	*Grundtendenz:* Ist auf Harmonie bedacht, und deshalb bestrebt, die Bedürfnisse des Gesprächspartners zu erfüllen. *Vernachlässigt werden:* <ul><li>Steuerung des Gesprächs im eigenen Sinne.</li><li>Die eigenen Bedürfnisse werden nicht angemeldet.</li><li>Eigene Bedürfnisse werden nicht ausgedrückt, sind also nicht erkennbar.</li></ul>	*Grundtendenz:* Orientiert sich am Thema. Fakten und Daten stehen im Vordergrund. *Vernachlässigt werden:* <ul><li>Wie geht es dem Gesprächspartner?</li><li>Das Klima des Gesprächs.</li><li>Gefühle werden überhört.</li><li>Eigene Gefühle und Bedürfnisse werden nicht ausgedrückt.</li></ul>

Die Aspekte, die von jedem Typus vernachlässigt werden, sind so etwas wie blinde Flecken. Der jeweilige Typ erkennt also in der Regel nicht einmal, warum ein bestimmtes Problem entsteht, da er gar nicht wahrnimmt, was der Gesprächspartner ihm möglicherweise vorwirft. Das bedeutet: Sie werden viele kritische Situationen durch Ihr eigenes Verhalten verursachen oder verstärken, ohne zu merken, wie Sie es tun. Diesen Automatismus können Sie durchbrechen, wenn Sie sich bewusst machen, wie Sie von Ihren Gesprächspartnern wahrgenommen werden.

Vernachlässigte Aspekte sind wie blinde Flecken

Jeder Telefontyp löst vorhersehbare Reaktionen bei seinen Gesprächspartnern aus. Sicher werden diese Reaktionen nicht immer automatisch erfolgen, aber Sie können davon ausgehen, dass die meisten Menschen ähnlich reagieren.

Die folgenden Beschreibungen der einzelnen Telefontypen werfen einiges Licht auf die blinden Flecken Ihres Telefontypen. Bedenken Sie, dass Sie dem Typ mehr oder weniger stark entsprechen können, wodurch sich Variationen in der Ausprägung ergeben.

> **Übung**
>
> Überlegen Sie nun für die eingangs geschilderte Situation (vgl. Seite 63), welchem Typ wohl Herr Rüher entspricht, und welchem Typ Frau Willig entspricht.
>
> Entscheiden Sie sich zuerst, bevor Sie weiterlesen!
>
> Prüfen Sie, ob Sie richtig liegen: Frau Willigs Handeln entspricht dem themenorientierten Telefontyp, Herr Rüher reagiert hier wie ein selbstorientierter Telefontyp.

Der Selbstorientierte

Das eigene Ich spielt die Hauptrolle

Da sich die Selbstorientierten in erster Linie an den eigenen Bedürfnissen orientieren, besteht die Tendenz, dass das gemeinsame Thema und die Bedürfnisse des Gesprächspartners außer Acht geraten. Die Gesprächspartner werden sich je nach Wesensart vom Selbstorientierten leiten lassen, oder sich heftig an Ihnen reiben, um den eigenen Bedürfnissen ebenfalls Raum zu verschaffen.

Zählen Sie sich zu den »Selbstorientierten«, dann werden Sie in der Regel problemlos Ihre Gesprächsthemen durchsetzen. Die Folge ist, dass Sie zwar Ihre Ziele erreichen, die Gesprächspartner aber ihre Bedürfnisse nicht zufrieden stellend einbringen konnten. Mittel- bis langfristig werden sich diese zurückziehen, weil sie zu kurz kommen. Das muss nicht im ersten Telefonat der Fall sein, sondern kann erst nach einigen Telefonaten passieren. Sie werden wahrscheinlich nicht erfahren, warum das geschehen ist, weil Sie zu sehr mit sich selbst beschäftigt sind.

Treffen Sie aber auf einen gleichermaßen »Selbstorientierten«, dann werden Sie ein heftiges Ringen erleben. Es geht darum, die Territorien abzustecken. Bei solchen Gesprächspartnern kann es laut werden. Das kann zwar den Effekt eines reinigenden Gewitters haben, aber im einen oder anderen Fall auch zu bleibenden Sturmschäden führen.

Bedenken Sie in jedem Fall, dass der Konsens, die Auseinandersetzung über das gemeinsame Thema, entfällt oder in den Hintergrund gedrängt wird, während die Selbstdarstellung oder der Positionskampf von vorrangigem Interesse ist.

Der Fremdorientierte

Da die Grundorientierung der »Fremdorientierten« das Erkennen und Erfüllen des Bedürfnisses des anderen ist, liegen diese ständig auf der Lauer, um zu erraten, was der andere will. Dabei besteht die Tendenz, dass die eigenen Wünsche und Bedürfnisse missachtet werden und das Thema aus dem Auge verloren geht.

Die Bedürfnisse des anderen haben Vorrang

Sind Sie ein »Fremdorientierter«, dann sollten Sie beachten, dass Sie sich vordergründig zuvorkommend und freundlich verhalten. Passiert das häufig oder über ein gewisses Maß hinaus, dann bemerkt der Gesprächspartner, dass er von Ihnen mehr verlangen kann. Einige werden das mit Sicherheit ausnutzen. Wenn Sie sich dann irgendwann ausgenutzt fühlen und dies auch anmerken, dann werden Sie Erstaunen ernten. Wie hätte man das ahnen sollen? Sie haben doch nie etwas gesagt!

Da Sie so sehr auf Harmonie bedacht sind, gehen Sie dem Konflikt möglichst weiträumig aus dem Weg. Das spürt Ihr Gegenüber. Ist er aufgebracht, dann schürt diese devote Haltung paradoxerweise häufig noch die Aggression. Es entsteht der Eindruck, Sie haben kein Rückgrat oder keine Kompetenz. Aus der Sicht des anderen bewegen Sie sich in diesem Gespräch nicht auf einer gleichwertigen, sondern einer tieferen Ebene. Deshalb wird man Ihnen auch nicht den Respekt entgegenbringen, den man einem ebenbürtigen Partner entgegenbringt.

Der Themenorientierte

Nur das Thema ist interessant

»Themenorientierte« sind – wie der Name schon sagt – vorrangig am Thema interessiert. Fakten und Informationen stehen im Vordergrund.

Wenn Sie zu dem Typus des »Themenorientierten« gehören, dann sollten Sie darauf achten, dass sich viele Ihrer Gesprächspartner nicht ausreichend als Mensch von Ihnen wahrgenommen fühlen. Sie kommen im wahrsten Sinne des Wortes so schnell »zur Sache«. Ihre Gesprächspartner müssen annehmen, Sie interessieren sich nicht für sie als Person, sondern nur als Fall oder Vorgang, der bearbeitet werden muss.

In konfliktträchtigen Situationen beschleunigt dies die Eskalation aus folgendem Grund: Da Sie so faktenorientiert vorgehen, sind Sie zwar hilfsbereit. Es entsteht aber gleichzeitig der Eindruck, Sie wollen die Sache nur schnell zu einem Ende bringen. Persönliches Verständnis kann man bei Ihnen kaum erkennen. Gerade das ist es aber, was sich in solchen Situationen zahlreiche Gesprächspartner besonders wünschen. Paradoxerweise wird also Ihr sachliches Vorgehen nicht als lösungsorientiert, sondern als schroff und kalt erlebt.

Außerdem erkennt man durch dieses Verhalten nicht, wer die Person hinter diesem »Themenorientierten« ist. Sie wirken wie ein Wesen, das eine Rolle ausfüllt. Der Mensch, der dahintersteckt und der auch Gefühle und Verständnis hat, bleibt verborgen. Auch dies hat zur Folge, dass sich Gesprächspartner nicht aufgehoben und verstanden fühlen.

Übungen

Eigene Situation analysieren

Erinnern Sie sich an eine kritische Gesprächssituation, die Ihnen wichtig ist. Es muss nicht unbedingt eine Telefonsituation sein. Nehmen Sie sich etwas Zeit und überlegen Sie, welche der beschriebenen Reaktionen Sie bei Ihrem Gesprächspartner beobachten konnten. Wenn Sie möchten, dann machen Sie sich Notizen.

....
....
....
....
....
....
....

Typen erkennen

Vergegenwärtigen Sie sich Kollegen oder Personen Ihres Bekanntenkreises. Wählen Sie jeweils eine Person aus, die einer der drei Typen entspricht. Prüfen Sie, welche Reaktionen die Personen jeweils bei Ihnen auslösen, und vergleichen Sie sie mit den obigen Beschreibungen.

....
....
....
....
....
....
....

Eigene Kompetenz erkennen und das eigene Repertoire erweitern

Jeder Telefontyp bewirkt also unterschiedliche, wiederum charakteristische Reaktionen bei seinen Gesprächspartnern. Die Beschreibungen weisen dabei bisher mehr auf unerwünschte Effekte hin, als die Stärken des jeweiligen Typs zu betonen. Es ist an der Zeit, auch über die Vorteile zu sprechen, die jeder Typ hat. Schließlich haben Sie, egal welcher Typ Ihnen am nächsten kommt, im Laufe Ihres Lebens erfahren, dass Ihnen Ihr Verhalten häufig beste Dienste geleistet hat – man Sie sogar in einigen Situationen darum beneidet hat. Es ist aber wichtig, die Vorteile aller Telefontypen zu kennen. Denn wenn Sie vor- und nachteilige Wirkungen gleichermaßen einschätzen können, können Sie das eigene Verhaltensrepertoire erweitern. Sie können sich dann bewusst entscheiden, welche Rolle Sie wählen, um in jeder Situation passend reagieren zu können.

Außerdem tritt Ihr »typisches« Verhalten nicht nur in kritischen Gesprächssituationen in Erscheinung, sondern auch in den täglichen Telefonaten. Wenn Sie eine Reklamation entgegennehmen, eine Auskunft geben, ein Produkt vorstellen oder verkaufen, dann werden Sie das Ihrem Typ entsprechend tun.

Zwischen den Telefontypen bewusst wechseln

Wenn Sie Ihre Fähigkeit schulen, zwischen den drei Verhaltenstypen hin- und herschalten zu können, dann beeinflussen Sie den Gesprächserfolg bewusst. Sie tragen mit Ihrem Gesprächsverhalten dazu bei, die Balance im Telefonat an der Stelle wieder herzustellen, an der sie gestört ist.

Aus dem Gesagten geht bereits hervor: Weder der »Selbstorientierte« noch der »Fremdorientierte« oder der »Themenorientierte« ist ein besserer Mensch. Entscheidend ist, dass jeder Typ und damit jede Art sich zu verhalten, in manchen Situationen angemessen ist und in anderen nicht. Es hängt davon ab, welche Wirkung Sie erzielen wollen. Wenn Sie das wissen, dann können Sie auch gezielt das Verhalten des entsprechenden Typs wählen. Mit einiger Übung wird Ihnen das immer schneller und besser gelingen.

Natürlich hängt die Wirkung, die Sie erzielen wollen, auch vom Gesprächspartner ab. Die Qualität der Kommunikation liegt, wie schon besprochen, in den Händen aller beteiligten Menschen. Sie können ja nie genau wissen, wie der andere Ihr Verhalten interpretiert.

Die folgenden Gegenüberstellungen zeigen Ihnen, mit welchen Vor- und Nachteilen Sie bei den jeweiligen Telefontypen rechnen müssen. Anschließend erhalten Sie jeweils Tipps, auf die Sie achten können, um die Typ-Nachteile zu minimieren. So können Sie die Stärken Ihres Telefontyps bewusst nutzen und mit den Schwächen aktiv umgehen.

Der »Selbstorientierte«

Vorteile	Nachteile
Er stellt sich selbst dar.	Er wirkt selbstsüchtig.
Er setzt etwas durch.	Er wirkt selbstdarstellerisch.
Er sorgt für sich.	Er orientiert sich an seinem Thema.
Er übernimmt Verantwortung.	Er nimmt sich seinen Raum.
Er sagt was er meint und will.	Er baut wenig Kontakt auf.
Man glaubt ihm.	Er wirkt unsensibel.

Der »Selbstorientierte« kann im Gespräch mehr Nähe zum Gesprächspartner und Sympathie gewinnen, wenn er sich gelegentlich an Folgendes erinnert:

- Geben Sie dem Gesprächspartner Raum zur Darstellung eigener Bedürfnisse, indem Sie schweigen.
- Fragen Sie bewusst mit offenen Fragen nach, um die Interessen des Gesprächspartners zu erkunden.
- Prüfen Sie bewusst, wo sich Ihre Interessen mit denen Ihres Gesprächspartners verbinden lassen.
- Setzen Sie bewusst das *Aktive Zuhören* und *Ich-Botschaften* ein.
- Hören Sie Kritik als Anregung, nicht als Angriff.

Der »Fremdorientierte«

Vorteile	Nachteile
Er wirkt freundlich.	Er wirkt unterwürfig.
Er hört zu.	Man vermisst den eigenen Standpunkt.
Der Umgang mit ihm scheint leicht.	Es fehlt der Impuls zum Thema.
Er wirkt sensibel.	Er weicht der Kritik aus.
Er wirkt zurückhaltend.	Er wirkt zu sensibel.
Er weckt Vertrauen.	Er wirkt wenig verantwortungsbereit.
	Kompetenz bleibt unsichtbar.

Der »Fremdorientierte« kann die Gesprächsbalance herstellen, indem er eindeutiger Stellung bezieht. Das ist erfahrungsgemäß leichter gesagt als getan. Wer jedoch mehr Flexibilität in dieser Rolle erreichen möchten, der kann Folgendes beachten:

- ❖ Konzentrieren Sie sich bewusster auf Ihre Interessen und Bedürfnisse:
  - Lernen Sie wahrzunehmen, was Sie persönlich stört.
  - Lernen sie wahrzunehmen, was Sie persönlich erwarten.
- ❖ Äußern Sie bewusst Ihre Meinung: Üben Sie zunächst, indem Sie sich in alltäglichen Gesprächen mehr einbringen.
- ❖ Üben Sie Formulierungen, die Sicherheit ausstrahlen (vgl. Kapitel 6 »Verantwortungsbereit wirken«, Seite 160).

Der »Themenorientierte«

Vorteile	Nachteile
Er verliert das Thema nicht aus den Augen.	Er wirkt automatenhaft und unpersönlich.
Er formuliert kurz und präzise.	Er wirkt, als ob er den anderen Menschen nicht achtet.
Er lässt sich durch Gefühle nicht ablenken.	Er scheint nur nach Vorgaben zu handeln.
Er wirkt kompetent.	Er scheint keine Nähe aufzubauen.
Er lässt sich durch Gefühle nicht beirren.	Er tritt als Mensch nicht in Erscheinung.
Er sagt stets, was getan werden muss, das wird dann getan.	

Der »Themenorientierte« kann die Balance im Gespräch verbessern, indem er verstärkt auf das Gesprächsklima achtet. Dazu sollten Sie insbesondere den Anfang und das Ende Ihrer Telefonate beachten:

❖ Lassen Sie dem Gespräch etwas Zeit, bevor Sie auf die Fakten zu sprechen kommen. Achten Sie auf Persönliches, das Sie vom Gesprächspartner hören und gehen Sie darauf ein.
❖ Nehmen Sie die Gefühle des Gesprächspartners wahr und bemühen Sie sich bewusst darum, die Situation des anderen zu verstehen. Dazu können Sie das *Paraphrasieren* und das *Aktive Zuhören* verwenden.
❖ Verwenden Sie die Technik *Eigene Befindlichkeit*. Üben Sie dies im privaten Kontext, um sicherer zu werden. Zu Beginn wird es hilfreich sein, zunächst bewusst auf die eigenen Empfindungen zu achten, um diese sensibler wahrzunehmen.

> **Übung**
>
> Typen trainieren
>
> Wählen Sie sich nun einen der beiden Telefontypen aus, dem Sie *nicht* entsprechen. In der folgenden Woche achten Sie dann bei Telefonaten, beim Fernsehen, bei Gesprächen auf Personen, die diesem Typus entsprechen. Wenn Sie feststellen, dass Sie ein »Modell« gefunden haben, dann beobachten Sie mit aufmerksamem Ohr das Verhalten und merken Sie sich Details. Üben Sie zu allen sich bietenden Gelegenheiten das Verhalten dieses Typs ein. Wählen Sie zunächst wenig folgenreiche Situationen: Telefonate mit Bekannten, der Einkauf im Supermarkt, Trockenübungen vor dem Spiegel. Wählen Sie dann erste Telefonate, in denen Sie anrufen, um gezielt die neue Rolle einzuüben.
>
> Trainieren Sie in der darauffolgenden Woche den anderen, noch ausstehenden Telefontyp.

Sie werden feststellen, dass Sie mit etwas Übung immer besser die Stärken des jeweiligen Typen einsetzen können. Besser heißt in diesem Fall zweierlei: Einerseits werden Sie das Verhalten mit größerer Sicherheit herstellen können, andererseits wird es Ihnen spontaner gelingen, flexibel auf ein anderes Verhalten umzuschalten.

Spielen mit unterschiedlichen Verhaltensmustern

Die Kenntnis des eigenen Telefontypen und das bewusste Spielen mit unterschiedlichen Verhaltensmustern hilft auch, größere Sicherheit im Umgang mit sehr verschiedenen Gesprächspartnern zu erlangen. Sie haben in diesem Kapitel zwei Schritte auf einmal getan: Indem Sie gelernt haben, ihren eigenen Verhaltenstypen einzuschätzen, haben Sie das erforderliche Handwerkszeug erhalten, auch Ihre unterschiedlichen Gesprächspartner besser einzuschätzen. Mit dem Wissen, dass jeder Telefontyp Stärken und Schwächen in sich vereint, werden Sie hoffentlich neugierig und respektvoll beobachten und ausprobieren, wie Sie den verschiedenen Typen begegnen.

In der Perspektive, die wir in diesem Kapitel eingenommen haben, stehen Sie im Vordergrund. Ganz nebenbei haben Sie etwas darüber erfahren, wie Sie Ihre Gesprächspartner einschätzen. Dieses Thema wird im folgenden Kapitel vertieft. Dazu wird eine neue Perspektive eingenommen, um den Blickwinkel zu weiten. Sie lernen die Filter kennen, die das Verhalten Ihrer Gesprächspartner – zum Teil ganz unbewusst – steuern. Ganz nebenbei werden Sie dabei auch wieder einiges Interessantes über Ihre eigenen Verhaltensstrategien erfahren!

Kapitel 5
Die Informationsfilter des Gesprächspartners erkennen

Flexibel auf Gesprächspartner reagieren

Schnell »Guten Tag, Herr Redlich. Hier spricht Schnell von der Maier KG. Ich wollte mich erkundigen, ob Sie mein Angebot bereits geprüft haben.«

Redlich »Herr Schnell? Ach ja. Ich habe Ihr Angebot erhalten. Wir sind hier gerade mit der Umstellung der Computer sehr eingebunden. Ich bin noch nicht dazu gekommen. Ich war zwischenzeitlich eine Woche krank. In unserem Unternehmen grassiert derzeit ein schlimmer Erkältungsvirus. Auf so etwas ist man ja nie vorbereitet. Sie kennen das sicher: Da staut sich dann die Arbeit an. Im Moment kann ich noch nichts Genaues dazu sagen.«

Schnell »Wann kann ich denn noch einmal nachfragen? Wäre Ihnen die kommende Woche passend?«

Herr Schnell erwartet im Gespräch gezielt und schnörkellos informiert zu werden. Das sind die Filter, durch die er Telefonate hört. Gleichzeitig beeinflussen sie die Art und Weise, wie er sich gegenüber Herrn Redlich verhält. Er will ihm keine wertvolle Zeit stehlen. Herr Redlich dagegen ist anders. Er legt Wert darauf, dass man auch etwas über die aktuelle Befindlichkeit austauscht, um die Beziehung zum anderen herzustellen und die Basis für ein Gelingen der geschäftlichen Fragen herzustellen. – Herr Schnell würde wohl dazu sagen, das ist unnötiges Geplänkel. Herr Redlich wiederum erlebt das Telefonat mit Herrn Schnell sachlich und unterkühlt. Für ihn wirkt Schnell keineswegs zuvorkommend, weil er so sehr auf das Wesentliche konzentriert ist.

Unterschiedliche Filter bewirken Dissonanzen

Sie können sich sicher vorstellen, wenn zwei so unterschiedliche Charaktere im Telefonat zusammentreffen, dann wird es wahrscheinlich keinen gemeinsamen Nenner geben.

Das Entscheidende an diesem Gespräch ist, dass sowohl das Thema, über das sich beide unterhalten, als auch ihre jeweilige Einstellung zum Thema in den Hintergrund treten. Ob beide gleiche oder unterschiedliche Ansichten haben, bestimmt weit weniger den Gesprächserfolg, als die Art und Weise, wie sie sich unterhalten. Über ein Thema kann man folglich unterschiedlich sprechen. Auf diese Unterschiede gehen wir nun ein.

In den beiden vorangegangenen Kapiteln haben Sie bereits erfahren, was es heißt, Kontakt zum anderen herzustellen und die »gleiche Sprache« zu sprechen, und wie es zu erklären ist, dass man in manchen Telefonaten das Gefühl hat, auf einer Wellenlänge zu sein.

In Kapitel 3 sahen Sie dies auf der inhaltlichen Ebene. Das Identifizieren der Hauptstraßen und Nebenstraßen des Telefonats zeigte, wann man auf der gleichen Wellenlänge sendet, und wann nicht. In Kapitel 4 haben Sie herausgefunden, welcher Telefontyp Sie sind. Damit haben Sie aus einer anderen Perspektive betrachten können, dass unterschiedliche Persönlichkeiten jeweils auf eine andere Art telefonieren. In diesem Kapitel lernen Sie nun eine dritte Perspektive kennen. Sie erfahren etwas über die Filter, mit denen Sie und Ihre Gesprächspartner Telefonate führen.

Sicher kennen Sie aus eigener Erfahrung: Bei manchen Menschen spürt man unmittelbar, dass man gut mit ihnen telefonieren kann, bei anderen stellt sich dieses Gefühl nicht ein, aber es fehlen die konkreten Anhaltspunkte, dies zu erklären.

Grundsätzlich muss man es sich folgendermaßen klarmachen: Jeder Mensch hat sich ein Verhaltensmuster angewöhnt, wie er mit anderen Menschen kommuniziert. Diese Muster sind Ausdruck innerer Filter, die steuern, *worauf* und *wie* reagiert wird. Der Begriff »Filter« bringt zweierlei zum Ausdruck: Es handelt sich zum einen um eine Art *Wahrnehmungsvorschriften*: Jeder Mensch hat im Laufe seines Lebens ein »individuelles Ohr« ausgebildet. Deshalb hören Sie zum Beispiel auf bestimmte Aspekte des Gesprochenen und reagieren darauf anders als andere Menschen.

In der Psychologie spricht man vom *Cocktailparty-Effekt*: Man kann immer wieder feststellen, dass Menschen selbst im größten Informationschaos auf Informationen reagieren können, die für sie bedeutsam sind. Das kann man an sich selbst bemerken, beispielsweise wenn man selbst im lärmenden Durcheinander einer Party plötzlich heraushört, wenn eine Person einige Meter entfernt den eigenen Namen nennt.

Der Cocktailparty-Effekt

Des Weiteren handelt es sich bei diesen Filtern um *Verhaltensvorschriften*, die bestimmen, in welcher Art und Weise telefoniert wird.

In Kapitel 2 wurde bereits besprochen, dass Menschen positiv auf Ähnlichkeit reagieren. Deshalb kann man auch hier davon ausgehen, dass die Filter, mit denen eine Person beschrieben werden kann, Ihnen nicht nur Vorhersagen erlaubt, wie Ihr Gesprächspartner telefoniert, sondern auch, welches Verhalten er von Ihnen erwartet. Aus der Perspektive dieses Kapitels kann man also sagen, dass man im Telefonat dann das Gefühl hat, auf einer Wellenlänge zu sein, wenn man identische Filter verwendet. Weicht ein Gesprächspartner dagegen in einem Filter ab, dann erleben Sie dies als Unstimmigkeiten.

Nehmen wir das Beispiel, mit dem das Kapitel eingeleitet wurde. Der Filter, in dem Herr Schnell und Herr Redlich eine voneinander abweichende Ausprägung haben, ist die Inhaltsorientierung bzw. Beziehungsorientierung. Beide haben eine unterschiedliche Art, Gespräche bezüglich dieses Filters aufzubauen. Dieser Filter ist einer von mehreren, die Sie in diesem Kapitel kennen lernen, und die bei Menschen unterschiedlich ausgeprägt sein können.

Ein Schlüssel zur besseren Kommunikation am Telefon ist die Fähigkeit, sich flexibler auf den Gesprächspartner einstellen zu können. Wenn Sie die Filter Ihrer Gesprächspartner einschätzen können, dann haben Sie die Möglichkeit, Ihre Kommunikation an die des Gesprächspartners anzupassen. Das ist aus dieser Perspektive ein weiterer Schlüssel zur besseren Telefonkommunikation. Flexibilität bedeutet hier also einerseits, die geheimen Filter, nach denen Ihr Gesprächspartner kommuniziert, rasch zu erkennen und andererseits, das eigene Gesprächsverhalten darauf abzustimmen.

Jeder Filter hat zwei Extrempole

Für jeden vorgestellten Filter werden zwei Ausprägungspole beschrieben, die pointiert darstellen, wie sich jemand verhält, der extrem in der einen oder anderen Art ausgerichtet ist. Diese Konturierung macht es leichter, die Tendenz zu erkennen, damit Sie bei sich selbst und insbesondere bei Gesprächspartnern herausfinden können, welche Ausprägung des Filters zutrifft. Abschließende Tipps zu jedem Filter geben Ihnen Hilfestellungen. Machen Sie sich zunächst mit allen Filtern vertraut. Lernen Sie dann schrittweise – auch mithilfe der Übungen – jeden Filter genauer kennen.

Die Informationsfilter

Filter 1: Inhaltsorientierung oder Beziehungsorientierung

Das einleitende Beispiel hat gezeigt: Menschen können sich auf inhaltliche Fragen beziehen, oder auf Themen, die die gemeinsame Beziehung betreffen. Darauf gehen wir nun ein.

Inhaltsorientierung

Die Inhaltsorientierung umfasst all diejenigen Gesprächsanteile, die mit dem Fachlichen und Faktischen zu tun haben. In geschäftlichen Telefonaten sind das Fragen zu Produkten, Verfahrensabläufen, Zuständigkeiten, Geschäftsbedingungen, Terminen etc. Ein ausgeprägt inhaltsorientierter Gesprächspartner wird betonen, dass diese Fragen letztlich das sind, worum es »eigentlich« im geschäftlichen Austausch geht. In Telefonaten im privaten Rahmen muss man diese Haltung im übertragenen Sinn verstehen. Der Anteil, in dem Inhalte ausgetauscht werden, umfasst die Sequenzen, wenn man beispielsweise bespricht, wann man sich wo treffen möchte, wenn man sich darüber austauscht, wie der Arbeitstag verlaufen ist oder wenn man eine Party plant.

Der Gesprächsgegenstand steht im Mittelpunkt

Notfalltelefonate beispielsweise laufen völlig inhaltsorientiert ab. Damit man schnellstmöglich Hilfsmaßnahmen einleiten kann, braucht man kurz und knapp so präzise Informationen wie möglich. Ein solcher Anruf bei der Polizei, der Feuerwehr oder beim Notarzt wird stets inhaltsorientiert strukturiert sein.

Eine ausgeprägte Inhaltsorientierung können Sie an folgendem Gesprächsverhalten beobachten:

- ❖ Der Gesprächspartner stellt kurze, detaillierte Fragen zum Thema.
- ❖ Er kehrt bei Abschweifungen schnell wieder zum Thema zurück.
- ❖ Er vermeidet ein Gespräch über Einschätzungen und Gefühle zum Sachgegenstand.
- ❖ Er schildert selber kaum eigene Erlebnisse.

Achten Sie auf folgende Formulierungen, um die Inhaltsorientierung beim Gesprächspartner zu erkennen:

»Du, ich wollte nur kurz wissen, wo ich die Unterlage Maier finde.«
»... sagen Sie mir erst einmal, was/wie/wo ...«
»Okay, ... könnten Sie mir gerade mal die Kundennummer geben.«

Tipps zum Umgang mit inhaltsorientierten Gesprächspartnern:

- Sparen Sie sich lange Einleitungen. Diese wirken, auch wenn sie ernst gemeint sind, auf den Inhaltsorientierten floskelhaft und unsicher.
- Bereiten Sie sich auf das Gespräch vor, damit Sie Daten, Fakten und Termine zugriffsbereit haben. Das beeindruckt den Inhaltsorientierten.
- Bleiben Sie konzentriert beim Gesprächsthema.
- Rückversichern Sie sich durch aktives Zuhören periodisch, ob man diesen Aspekt gemeinsam so festhalten kann oder jenen Gesichtspunkt noch einmal genauer besprechen muss.
- Bringen Sie Beziehungsthemen (siehe unten) erst am Ende des Gesprächs ein, wenn die inhaltlichen Fragen besprochen und geklärt sind. Dadurch sorgen Sie für einen harmonischen Gesprächsabschluss.

Beziehungsorientierung

Im Telefonat bringt der Gesprächspartner die Beziehungsorientierung in Äußerungen und Fragen zum Ausdruck, die die eigene Stimmung betreffen. Im Gegensatz zur Ausrichtung an Fakten umfasst beziehungsorientiertes Telefonverhalten die Aspekte, die das Gefühlsleben und die Befindlichkeit betreffen.

Erst das Persönliche schafft die gemeinsame Basis

Während der Inhaltsorientierte sagt, dass es in geschäftlichen Telefonaten »eigentlich« nur um den Austausch von Fakten geht, denkt der Beziehungsorientierte ganz anders. Für ihn ist es außerordentlich wichtig, dass in das Gespräch auch Äußerungen über das persönliche Erleben einfließen. Denn aus seiner Sicht baut man erst durch diese Anteile im Gespräch den Kontakt und das Vertrauen auf, um geschäftlich gut miteinander zurechtzukommen.

Viele private Telefonate zwischen Freunden oder der typische Small talk bestehen zu einem großen Teil aus dem Austausch von Erlebnissen, Beispielen und Stimmungsschilderungen. Dies dient der Klärung und der Beziehungspflege zwischen Menschen. Konkrete theoretische Inhalte, an denen man später eine neue Erkenntnis festmachen könnte, spielen eine geringere Rolle. Sie können eine ausgeprägte Beziehungsorientierung an folgendem Gesprächsverhalten erkennen:

- Der Gesprächspartner fragt nach Ihrer Einschätzung und Bewertung.
- Er nutzt jede Gelegenheit, um Beziehungsthemen einzubringen.
- Er sucht das Gespräch über Einschätzungen und Gefühle.
- Er erzählt gerne und ausführlich Beispiele oder Erlebnisse.

Folgende Formulierungen weisen auf eine Beziehungsorientierung hin:

»... und wie ging es Ihnen dabei?«
»...ach ja, Sie waren doch im Urlaub. Darf ich fragen, wie es war?«
»Ich hab da ja mal etwas Ähnliches erlebt: ...«

Tipps zum Umgang mit beziehungsorientierten Gesprächspartnern:

- Beginnen Sie nicht mit den Fragen, die auf den eigentlichen Gesprächsanlass – und damit auf die Inhalte – abzielen.
- Nehmen Sie sich Zeit für das Telefonat. Der Beziehungsorientierte erwartet, dass man sich auch über das eine oder andere unterhält, das nicht unmittelbar geschäftlich relevant ist.
- Bleiben Sie offen für Unerwartetes. Im Telefonat mit beziehungsorientierten Gesprächspartnern ergeben sich oftmals neue Themen.
- Beim Beziehungsorientierten kann es Ihnen passieren, dass Ihr vorgesehenes Gesprächsthema plötzlich nicht mehr passend ist. Sie sollten dann überlegen, ob es sinnvoll ist, das Telefonat auf einen anderen Termin zu verlegen, insbesondere dann, wenn es sich um wichtige Themen handelt.
- Hören Sie zwischen den Zeilen. Darin bringt der Beziehungsorientierte zum Ausdruck, was ihn bewegt, womit er sich gerade beschäftigt.
- Setzen Sie die Techniken aus Kapitel 3 ein.

> **Übung**
>
> Achten Sie bei Ihren nächsten Telefonaten, bei Gesprächen unter Kollegen, Kunden oder im Bekanntenkreis darauf, welchen Anteil Inhalts- und Beziehungsaspekte Sie bei Ihren Gesprächspartnern entdecken können. Welche Unterschiede erkennen Sie zwischen Gesprächspartnern?

Filter 2: Details oder Überblick

Kennen Sie das auch: Manche Menschen wollen es scheinbar immer ganz genau wissen und spicken ihre Schilderungen mit zahllosen Details und Kleinigkeiten? – Oder gehören Sie zu denjenigen, die eher erstaunt feststellen, dass manche Menschen die Dinge nur grob und oberflächlich darstellen, sodass Sie immer noch Fragen haben, es gerne genauer wüssten?

Der Filter, in dem hier unterschiedliche Typen zum Ausdruck kommen, ist im ersten Fall eine ausgeprägte Detailorientierung. Im zweiten Fall kommt die Überblickorientierung zum Ausdruck. Überblickorientierte halten sich ungern an Details auf.

Details

Jede Einzelheit ist wichtig

Wenn man sich über ein Thema unterhält, dann ist es für einige Menschen wichtig, dass Sie im Detail erfahren oder besprechen, was wie bei wem warum so und nicht anders passiert ist. Was auf andere – insbesondere Überblicksorientierte – eher spitzfindig und pedantisch wirkt, ist für den Detailorientierten notwendig. Er braucht genaue und viele Informationen, um eine Vorstellung vom besprochenen Gegenstand zu bekommen. Das können Sie schon an seinen Fragen erkennen:

»... und wo war das genau?«
»... ach, und wer war noch dabei?«
»... hatte Sie denn wieder diesen Schal an?«

Stellen Sie sich dazu Detektiv Columbo vor. Er ist ein Paradebeispiel für ausgeprägte Detailorientierung, wenn er beim Recherchieren seine bohrenden Fragen stellt.

Nicht nur beim Zuhören will es der Detailorientierte genau wissen. Auch wenn er seinen Sachverhalt oder seine Geschichte darstellt, wird er auf diesen oder jenen Aspekt hinweisen, da und dort einen dramatischen Schlenker einbauen, um seine Schilderungen für den anderen lebhaft vorstellbar zu machen.

Ausgeprägte Detailorientierung zeigt sich an folgendem Gesprächsverhalten:

- Als Gesprächspartner fragt er häufig nach, um alles genauer zu erfahren.
- Er legt Wert darauf, dass Sie »es in allen Einzelheiten erzählen«. Vielleicht wünscht er sich sogar eine Wiederholung.
- Als Sprecher wird er die Dinge mit vielen Details umschreiben.
- Seine lebhaften Schilderungen schlagen einen als Zuhörer in den Bann.

Tipps zum Umgang mit Detailorientierten:

- Bringen Sie präzise Informationen und detaillierte Darstellungen.
- Schmücken Sie Beschreibungen aus. Schildern Sie lebhaft und in Einzelheiten.
- Bleiben Sie beim Thema. Der Detailorientierte mag keine schnellen Themensprünge.
- Bleiben Sie bei den Fakten, bevor Sie Verallgemeinerungen machen und Schlüsse ziehen.
- Geizen Sie nicht mit Beispielen und Belegen.
- Nutzen Sie Fakten und Zahlen, um Ihre Aussagen zu unterstützen.

Überblick

Der Überblickorientierte verhält sich dagegen ganz anders. Für Ihn kommt es in erster Linie darauf an, dass die zentralen Aspekte angesprochen werden. Details kümmern ihn weniger, denn die halten nur vom Wesentlichen ab. Deshalb fällt es dem Überblicksorientierten auch schwer, wenn er von einem Detailorientierten im Gespräch immer wieder aufgefordert ist, Informationen nachzutragen. Für den Überblickorientierten kommt es zunächst darauf an, übergeordnete Zusammenhänge zu erkennen. Sie sind vor allem an dem interessiert, was die Aussage impliziert. Das wirkt häufig sehr analytisch oder abstrakt.

Nur zentrale Aspekte interessieren

Das Entscheidende beim Überblickorientierten ist aber nicht, dass er weniger Information will oder braucht. Er ist durchaus an viel Information interessiert, aber diese Mitteilungen müssen in die Breite gehen, nicht in die Tiefe.

Die Präferenzen des Überblickorientierten erkennen Sie an folgenden Formulierungen:

»... gut, das ist ja jetzt nicht so wichtig.«
»... Sagen Sie, können wir jetzt auf die Sache XY kommen?«
»Was bedeutet das zusammenfassend?«

Eine ausgeprägte Überblickorientierung zeigt folgendes Verhalten:

- Als Gesprächpartner wirkt er bei längeren Ausführungen zu einem Thema ungeduldig und unterbricht auch einmal, um das Wesentliche zu erfahren.
- Er lenkt und steuert das Gespräch durch Fragen auf weitere Themen.
- Er erzählt und beschreibt an sich lebhafte Situationen eher knapp und distanziert wie ein Beobachter.

Tipps zum Umgang mit Überblickorientierten:

- Weisen Sie auf Auswirkungen und Implikationen des Gesagten hin.
- Sparen sie sich unnötige Details. Kommen Sie zum Kern der Sache.
- Bieten Sie Details erst auf Anfrage an. Weisen Sie darauf hin, dass Sie Details liefern bzw. nachreichen könnten.
- Stellen Sie gegebenenfalls Querverbindungen zu anderen Themen her, die mit dem Besprochenen zusammenhängen.
- Wählen Sie wenige Beispiele und Belege aus, diese aber gezielt.

Übung

Wählen Sie einen Sachverhalt, den Sie am Telefon berufsbedingt immer wieder darstellen müssen. Stellen Sie diesen Sachverhalt einmal detailorientiert dar und einmal überblickorientiert.

Wenn Sie das schriftlich machen, dann haben Sie die Möglichkeit, Ihr Ergebnis zu überarbeiten, um zwei optimale Versionen herzustellen, die Sie anschließend lernen können. Auf diese Weise haben Sie zwei Versionen formuliert, die Sie bei Bedarf im Telefonat mit unterschiedlichen Partnern abrufen können.

Filter 3: Sprechen oder Hören

Sprechen und Hören stellen die beiden komplementären Reaktionen im Gespräch dar, die einander ergänzen. Der Unterschied zwischen einem Dialog und einem Monolog besteht gerade darin, dass Sprecher- und Hörerrolle wechseln und nicht festgeschrieben sind. Allerdings gibt es Unterschiede darin, dass Menschen die eine oder andere Rolle eher präferieren. Das macht sich in entsprechenden Unterschieden bemerkbar.

Sprechen

Sprecher brauchen viel Raum im Gespräch. Für sie ist es wichtig, selbst viel zu sprechen. Es scheint manchmal, dass sie erst beim Sprechen den Gedanken entwickeln. Deshalb ist es für sie nicht ungewöhnlich, den gleichen Sachverhalt zu wiederholen und mit anderen Worten aus einer anderen Perspektive darzustellen. Vom Gesprächspartner fordert diese Haltung häufig Geduld und die Fähigkeit, das Bedürfnis nach eigenen Redeanteilen zurückzuhalten.

Sprecher brauchen viel Raum

> *In Komödien mit Walter Matthau und Jack Lemmon zeigt Jack Lemmon prototypisch das Verhalten des Sprechers. Dem Zuschauer entgeht buchstäblich kein Gedanke, den er fasst. Es hat bei ihm stets den Anschein, dass die Gedanken meist schon über den Lippen sind, bevor sie zu Ende gedacht sind.*

Wenn man einen Sprecher unterbricht – und das muss erst einmal gelingen – in der Hoffnung, er möge merken, dass man auch einmal etwas sagen will, dann wird man meist enttäuscht. Die Wirkung ist eher die, dass er den Gedanken, den er begonnen hat, bei seinem nächsten Gesprächsbeitrag noch einmal von vorne beginnt.

Eine andere Reaktion, mit der viele Menschen auf *Sprecher* reagieren, ist, dass sie selber schweigen. Schweigen ist ein allgemeines Signal, um zu signalisieren, dass ein Thema keiner weiteren Erörterung bedarf. Es signalisiert also in gewisser Weise das Gesprächsende. Das hört ein *Sprecher* aber anders: Für ihn ist das ein Signal, dass der andere bereit ist, zuzuhören und selber nichts sagen möchte.

Die Verhaltensweisen, an denen Sie den Sprecher erkennen können, sind:

- Er benötigt vergleichsweise mehr und längere Redeanteile.
- Er wiederholt Schilderungen und Darstellungen mehrfach.
- Er lässt keine langen Schweigephasen zu.
- Er ist meist derjenige, der Schweigephasen durch eigene Beiträge unterbricht.
- Er steuert eher das Gespräch.

Tipps zum Umgang mit Sprechern:

- Lassen Sie den Sprecher ausreden, denn er wiederholt sonst, was er vormals nicht zu Ende führen konnte.
- Bringen Sie beim Sprecher Geduld mit.
- Akzeptieren Sie, dass Sprecher Gedanken erst während des Redens entwickeln.
- Wenn Sie den Eindruck haben, dass ein Thema erschöpfend besprochen wurde, dann fragen Sie, ob damit alles geklärt ist, oder sagen Sie, dass Sie der Meinung sind, das Entscheidende sei jetzt besprochen.
- Lesen Sie dazu auch die Anregungen zum Umgang mit Dauerrednern (vgl. Seite 90f.).

Hören

Hörer ergreifen selten die Initiative

Hörer wirken naturgemäß eher ruhig. Sie lassen lieber andere reden, als selbst initiativ zu werden. Weil sie sich im Gespräch eher zurückhalten, sind sie gute Zuhörer. Deshalb erfahren Sie vom Gesprächspartner auch mehr, als ein Sprecher – wie Inspector Columbo beim Verhör. Bevor Hörer einen Gedanken äußern oder gar in voller Breite entfalten, wenden sie ihn und überlegen, ob es sich lohnt, ihn zu äußern. Sie schweigen auch eher, als dass Sie einen halbfertigen Gedanken äußern.

Das Verhalten des Hörers führt in Telefonaten häufig zu auffällig langen Ruhephasen. Auffällig deshalb, weil man die Nachdenklichkeit des Hörers am Telefon nicht sehen kann, und eine Schweigesekunde am Telefon ungleich länger wirkt, als in einem Gespräch von Angesicht zu Angesicht. Im Extremfall wird dieses Verhalten als Desinteresse gedeutet, oder man nimmt an, dass der Hörer mit etwas anderem beschäftigt und nicht auf das Telefonat konzentriert ist.

Verhaltensweisen, an dem Sie einen Hörer erkennen können, sind:

- Er macht häufig und lange Pausen.
- Er wiederholt sehr selten etwas.
- Er lässt sich leicht unterbrechen.
- Er reagiert nicht unmittelbar, wenn er die Gelegenheit hat, etwas zu sagen, sondern wartet noch etwas ab.
- Er gibt häufig Aufmerksamkeitsreaktionen wie »ja«, »ach so?« und fragt nach, sodass Sie aufgefordert sind, zu sprechen.
- Sie merken an Ihrem eigenen Verhalten, dass Sie selber mehr reden, als Sie eigentlich beabsichtigen.

Tipps zum Umgang mit Hörern:

- Seien Sie geduldig! Geben Sie dem *Hörer* Zeit, damit er Gelegenheit hat, einen Gedanken zu entwickeln.
- Unterbrechen Sie den *Hörer* nicht. Wenn Sie es tun, dann bitten Sie ihn, den Gedanken, bei dem er unterbrochen wurde, zu Ende zu führen.
- Stellen Sie offene Fragen, denn Fragen animieren den *Hörer*, eigene Ansichten zu äußern und sich zu beteiligen.
- Verstärken Sie den *Hörer* für seine Beiträge durch Aufmerksamkeitsreaktionen wie »Ja«, »hmhm« »genau«. Bleiben Sie dabei in einer bewusst zuhörenden Haltung, damit Ihre Reaktionen nicht wie eine Unterbrechung wirken.

> **Übung**
>
> Welchem Typ entsprechen Sie? Achten Sie in nächster Zeit einmal darauf, wie der Typ, dem Sie weniger entsprechen, sich in unterschiedlichen Gesprächssituationen verhält. Vergleichen Sie sein Verhalten mit dem, das Sie in solchen Situationen zeigen. Beurteilen Sie das Verhalten nicht. Hören Sie genau hin: Worüber spricht er? Wie reagiert er?
>
> Erweitern Sie Ihre Flexibilität: Wählen Sie Situationen, um bewusst das Ihnen fremde Verhalten zu erproben. Erleben Sie, wieviel Energie es kostet Sprecher einzuüben, und erkennen Sie, wie viel Informationen man als Hörer erhalten kann.

> ### Tipps zum Umgang mit Dauerrednern am Telefon
>
> Im Umgang mit Dauerrednern am Telefon suchen viele nach einer optimalen Lösung. Gehen Sie Schritt für Schritt die folgenden Anregungen durch, dann wird dieses Thema Sie in Zukunft nicht mehr belasten.
>
> **Schritt 1: Wollen Sie den Dauerredner wirklich stoppen?**
>
> Viele der Dauerredner am Telefon sind Personen, mit denen man vergleichsweise selten telefoniert. Kunden, Kollegen, Vorgesetzte oder Freunde, die man nur hin und wieder spricht, strapazieren dann nur hin und wieder Ihre Aufmerksamkeit. Wenn Ihnen diese Menschen etwas bedeuten, dann sollten Sie überlegen, ob es Ihnen nicht wichtiger ist, diese persönliche Eigenart zu akzeptieren.
> Bedenken Sie insbesondere bei Dauerrednern im beruflichen Umfeld, wie beispielsweise wichtigen Kunden, nahen Kollegen und Ihren Vorgesetzten, ob es Ihnen in Anbetracht der möglichen Konsequenzen wirklich wichtiger ist, deren Verhalten zu unterbrechen, oder ob Sie nicht damit leben können.
>
> **Schritt 2: Senden Sie eindeutige Signale!**
>
> Achten Sie darauf, dass Sie den Gesprächspartner nicht bestärken, weiterzusprechen. Viele Menschen versuchen dem anderen indirekt durch ein besonders deutliches oder häufiges »Ja«, »hmhm«, »ach?« verständlich zu machen, dass er zum Ende kommen soll. Das sind jedoch Signale, die zum weiterreden animieren. Besser ist es, wenn Sie folgende eindeutige Signale senden:
>
> - ❖ **Schweigen Sie**
>   Unterdrücken Sie bewusst die oben angesprochenen Aufmerksamkeitsreaktionen. Wenn Ihr Gesprächspartner dann fragt, ob Sie noch am anderen Ende der Leitung sind, verhalten Sie sich wie folgt.
> - ❖ **Sprechen Sie nur zum aktuellen Thema**
>   Vermeiden Sie es, vom Thema abzuweichen, Nebenstraßen anzubieten oder auf diese einzugehen. Gelegenheiten zu neuem Gesprächsstoff wird der Dauerredner sich nicht entgehen lassen. Bleiben Sie also ganz bewusst bei dem zentralen Thema.

- ❖ **Verzichten Sie auf Fragen!**
  Stellen Sie keine weiteren Fragen. Fragen fordern den Dauerredner erneut auf, das Gespräch fortzuführen. Gehen Sie rasch dazu über, das Ende des Gesprächs einzuleiten. Beachten Sie auch beim folgenden Punkt:
- ❖ **Leiten Sie den Gesprächsabschluss ein**
  Wenn Sie der Meinung sind, dass das Wesentliche besprochen ist, dann können Sie Signale senden, die üblicherweise als Abschluss des Gesprächs verstanden werden. Dazu gehören Formulierungen wie: »Okay, dann ist diese Sache ja geklärt.«, »Schön, dann werde ich das jetzt sofort bearbeiten.«, »Ja, dann kann ich damit ja beginnen.«, »Dann haben wir ja jetzt alles besprochen.«.
  Fassen Sie gegebenenfalls zuvor noch einmal kurz das Wesentliche des Gesprächs zusammen.

Schritt 3: Machen Sie das Dauerreden zum Thema – aber richtig!

Wenn Ihr Gesprächspartner auf die Signale von Schritt 2 nicht reagiert hat, dann sprechen Sie an, dass Sie das Verhalten des Dauerredners stört. Der entscheidende Punkt dabei ist, dass Sie dem Gesprächspartner keine Vorwürfe machen. Das gelingt Ihnen auf folgende Art und Weise:

- ❖ **Sagen Sie, dass Sie wichtige Aufgaben zu erledigen haben.**
  Teilen Sie Ihrem Gesprächspartner nach gegebener Zeit mit, welche Aufgaben Sie noch erledigen müssen, welche Termine Sie noch vorbereiten müssen, dass Sie auch noch anderen Anrufern oder Kunden weiterhelfen möchten.
- ❖ **Erfinden Sie eine Notlüge**
  Notlügen helfen Ihnen und wirken auf den Gesprächspartner höflich. Gehen Sie davon aus, dass fast alle Menschen eine plausible Erklärung akzeptieren können. Wenn man hingegen das Dauerreden direkt anspricht, werden einige Menschen das als persönlichen Affront erleben.

Filter 4: Pessimist oder Optimist

Sie können ein Glas halb voll oder halb leer sehen. Beides beschreibt den gleichen Sachverhalt. Und doch macht es einen Unterschied. Denn in diesen beiden Beschreibungen kommen zwei Grundtendenzen zum Ausdruck, die im Gespräch von großer Bedeutung sind.

Der Übersicht halber haben wir auch hier zwei Pole unterschieden, die Extremformen darstellen, auch wenn Sie in Ihren Telefonaten selten in dieser Deutlichkeit zu finden sind: Pessimisten klagen, sie betonen das Negative einer Situation oder eines Umstandes. Optimisten hingegen schildern bevorzugt das Positive daran. Sie neigen eher zum Schwärmen.

Pessimist

Die ersten Wolken sind immer zu sehen

Der Pessimist erkennt immer sofort die Nachteile und Probleme. Entsprechend ist das auch die Perspektive im Gespräch. Wenn die Sonne scheint, dann kann das immer nur vorübergehend sein, und die ersten Wolken sind ja bereits zu sehen, wenn man genau hinschaut – und das macht der Pessimist. So sieht und beschreibt er die Welt. Uneingeschränktes Vergnügen oder vorbehaltloses Lob sind dem Pessimisten höchst suspekt, dahinter muss sich etwas verbergen.

Für diesen Typ gehört das rituelle Klagen zur typischen Gesprächseinleitung. Und wenn er erzählt, was er erlebt hat, dann erfährt man in der Regel, was schief gelaufen ist, was hätte besser laufen können, und was er nicht so gemacht hätte, wenn dies möglich gewesen wäre. Auf die anschließende Frage nach seinem Gesamturteil hört man dann aber durchaus, dass es »insgesamt gut« ist. So ist es eben beim Pessimisten, das Klagen, die Schilderungen vom Mühsal und den Unzulänglichkeiten gehören bei ihm dazu, aber das heißt nicht unbedingt, dass es für ihn wirklich alles so schlimm ist.

> *Walter Matthau übernimmt diesen Part in den Komödien mit Jack Lemmon. Er ist die überzeichnete Variante des unverbesserlichen Pessimisten, wie er hier beschrieben wird.*

Wenn man im Telefonat mit dem Pessimisten selber zum Vorzeige-Pessimisten wird, dann erlebt man häufig, dass dieser seine Haltung plötzlich ändert und den Dingen etwas Positves abgewinnt.

Tipps, wie Sie mit dem Pessimisten kommunizieren können:

- ❖ Halten Sie sich mit überschwänglich positiven Schilderungen zurück.
- ❖ Passen Sie sich dem Verhalten des Klagenden an, indem Sie bewusst in eine Position des Advocatus Diaboli wechseln. Sprechen Sie über die Dinge kritisch, hinterfragen Sie sie.
- ❖ Alles was auf den ersten Blick positiv erscheint, weckt das Misstrauen des Klagenden. Sie schlagen sich auf seine Seite, wenn Sie Ihr Augenmerk darauf richten, an Themen, über die Sie sprechen, Falsches zu entlarven und zu enttarnen.

Optimist

Der Optimist versucht den Dingen das Gute abzugewinnen. An jedem Nachteil lässt sich ein Vorteil entdecken. Nimmermüde wird der Optimist diesen Vorteil suchen und finden. Er genießt den Sonnentag, auch Regen ist ihm willkommen, kann er sich doch dann umso leichter auf seine Arbeit konzentrieren und jeden kommenden Sonnentag umso mehr genießen. Der Optimist wirkt leichtfüßig. Kaum etwas scheint so schlimm zu sein, dass man nicht doch noch einen Gewinn darin entdecken kann. Er schaut auf die potenziellen Möglichkeiten, die in einer Sache stecken.

Jeder Nachteil birgt auch Vorteile

Da seine Grundhaltung so bejahend ist, wirkt der Optimist auf die meisten Menschen sympathisch und angenehm als Gesprächspartner. Wenn diese Haltung aber zu unkritisch ausfällt, dann scheint der Optimist einfältig und naiv. Sie erkennen den Optimisten an seinen positiven Schilderungen, seiner grundsätzlich hoffnungsvollen Haltung, seinem Zutrauen und seiner ausgeprägten Neigung, Mut zu machen.

Tipps zum Umgang mit Optimisten:

- ❖ Gewinnen Sie den Dingen, über die Sie sprechen, das Positive ab.
- ❖ Richten Sie Ihr Augenmerk auf die angenehmen und schönen Dinge.
- ❖ Bevor Sie ein Missgeschick, eine Unannehmlichkeit berichten, sollten Sie sich unbedingt überlegen, ob es wirklich erwähnenswert ist.
- ❖ Seien Sie großzügig. Fehler und Missgeschicke passieren eben.
- ❖ Zeigen Sie Vertrauen. Misstrauen den Dingen und Menschen gegenüber ist die Grundhaltung des Pessimisten.

Übung

Umgebung beschreiben

Schauen Sie sich jetzt an dem Ort um, an dem Sie dieses Buch lesen. Lassen Sie sich zunächst Zeit, objektiv einige Details wahrzunehmen und zu sammeln, die Sie in ihrer unmittelbaren Umgebung entdecken können.

Beschreiben Sie diesen Ort einmal in der Art und Weise, wie ihn der Optimist sieht und anschließend, wie der Pessimist es machen würde. Berücksichtigen Sie dabei jeweils alle Details, die Sie vorher gesammelt haben.

....
....
....
....
....
....

Erlebnis beschreiben

Denken Sie an das vergangene Wochenende. Überlegen Sie, was Sie am vergangenen Wochenende erlebt haben.

Erzählen Sie ein bis zwei Minuten lang, was Sie vom vergangenen Wochenende einem Optimisten erzählen würden. Dabei achten Sie auf alles, was angenehm war und erfolgreich verlaufen ist. Wechseln Sie dann zum Pessimisten: Erzählen Sie ein bis zwei Minuten lang, was alles langweilig, erfolglos, unerfreulich war.

....
....
....
....
....
....

Filter 5: Hohe oder geringe Kontaktfrequenz

Da jedes Gespräch eine Form der Kontaktaufnahme darstellt und damit auch den Wunsch nach Kontakt signalisiert, spielt die Zahl der Telefonate in einer gegebenen Zeiteinheit eine wichtige Rolle. Insbesondere im Verkauf und im Service ist dieser Aspekt besonders wichtig. Im geschäftlichen wie im privaten Kontext mag die Zahl der Gesprächskontakte, die man sich zu einem bestimmten Gesprächspartner wünscht, zwar unterscheiden, aber jeder Mensch nimmt sie als Entscheidungsgrundlage, um Aussagen darüber zu treffen, wie intensiv und bedeutsam die entsprechende Beziehung für ihn ist.

Menschen unterscheiden sich darin, wie viele Kontakte sie wünschen, um von einer guten Beziehung sprechen zu können.

Hohe Kontaktfrequenz

Einige Menschen bevorzugen eine hohe Frequenz an Gesprächskontakten. Sie rufen häufig an und erwarten das auch von ihren Gesprächspartnern. In der Regel werden diese Gespräche dann kürzer ausfallen. Vielleicht gibt es dann auch nicht immer etwas entscheidend Neues mitzuteilen, aber man signalisiert auf diese Weise dem anderen, dass man in Kontakt bleiben möchte.

Menschen, die nur sporadischen Kontakt präferieren, erscheinen diese Telefonate häufig unnötig, weil sie auf andere Aspekte achten, die in diesem Kapitel angesprochen werden.

Die Wahrscheinlichkeit, dass man bei hohem Gesprächskontakt zu einem ungünstigen Zeitpunkt anruft, ist logischerweise höher als bei geringem Gesprächskontakt. Das führt dazu, dass man dem Gesprächspartner insbesondere in geschäftlichen Zusammenhängen schon einmal lästig erscheint, oder auf Dauer die Wichtigkeit der Anrufe unterschätzt wird. Damit Sie nicht zum ungebetenen Anrufer werden, sollten Sie ein Gespür für die Kontaktfrequenz des jeweiligen Gesprächspartners entwickeln.

Ein Gespür für die Kontaktsequenz entwickeln

Geringe Kontaktfrequenz

Wer sporadischen Kontakt wünscht, wartet meist darauf, dass sich einiges Mitteilenswertes angesammelt hat. Deshalb vergeht zwischen den Telefonaten mehr Zeit. Wenn dann der Impuls zur Kontaktaufnahme in die Tat umgesetzt wird, ist meist eine ganze Reihe an Geschehnissen aufzuarbeiten, um auf den aktuellen Stand zu kommen. Die Folge ist dann häufig, dass man auf dieses und jenes Thema kommt und die Telefonate länger ausfallen, oder der auslösende Anlass des Anrufs zu kurz kommt.

Bei geringer Kontaktfrequenz verlängern sich die Telefonate

Personen mit Präferenz zu häufigem Gesprächskontakt fühlen sich von diesen Gesprächspartnern meist nicht ausreichend gewürdigt und wahrgenommen. Ihr Fokus ist ja darauf gerichtet, dass eine gute Beziehung durchgehenden Austausch benötigt.

Die Wahrscheinlichkeit, dass man bei geringem Gesprächskontakt zu einem ungünstigen Zeitpunkt anruft, ist zwar geringer, aber folgenschwerer. Wenn das Gespräch aufgrund der Umstände kurz gehalten werden muss, vergeht rasch viel Zeit bis zur nächsten Kontaktaufnahme. Dadurch steigt das Risiko, dass man Entwicklungen beim Gesprächspartner verpaßt. In geschäftlichen Beziehungen ist die Gefahr groß, dass Wettbewerber diese Lücke schließen.

Um die Kontaktfrequenz Ihres Gesprächspartners zu treffen und Ihre Beziehungen optimal zu gestalten sollten Sie folgende Aspekte beachten.

Tipps zur Wahl der richtigen Kontaktfrequenz:

- Wenn Ihr Gesprächspartner bereits zum zweiten Mal bei Ihnen anruft, ohne dass Sie den Kontakt zwischenzeitlich für erforderlich gehalten haben, dann ist dies ein Hinweis darauf, dass er häufigeren Kontakt präferiert.
- Der Zeitraum zwischen solchen Doppelkontakten ist ein guter Gradmesser für die Frequenz, in der sich Ihr Gesprächspartner Kontakte wünscht.
- Nach Doppelkontakten durch den Gesprächspartner ist es hilfreich, selber initiativ zu werden. Sie müssen aus der Sicht des anderen wieder etwas gutmachen.
- Um die Kontaktfrequenz des Gesprächspartners einschätzen zu können, müssen Sie im Gespräch aufmerksam sein. Explizite oder verdeckte Schuldzuschreibungen, etwa dass Sie »lange nichts von sich hören gelassen haben«, geben einen deutlichen Hinweis, dass der Gesprächspartner sich vernachlässigt fühlt.
- Wenn Sie mehrfach nicht zum Gesprächspartner durchgestellt werden, oder er sich häufiger desinteressiert und kurz angebunden zeigt, haben Sie Hinweise auf eine zu hohe Kontaktfrequenz. Dies kann mitunter durch aktuelle Umstände beim Gesprächspartner bedingt sein.
- Die Kontaktfrequenz können Sie auch auf eine einfache Art herausfinden. Fragen Sie Ihren Gesprächspartner einfach, wann Sie sich wieder melden dürfen, wann es ihm gelegen ist, oder ob er einverstanden ist, wenn Sie sich zu einem bestimmten Zeitpunkt wieder bei ihm melden.

Eine gute Kontaktpflege hat viele Vorteile

Das Telefon ist ein Kommunikationsmedium, das zur Kontaktpflege viele Vorteile bietet. Regelmäßiger telefonischer Kontakt hilft Ihnen sowohl im geschäftlichen als auch im privaten Kontext, Ihr soziales Netzwerk stabil zu halten. Bedenken Sie die Vorteile, die regelmäßige Anrufe haben:

- Da man die Entwicklung des Gesprächspartners fortwährend verfolgt, bleibt man in der Regel gut informiert.
- Man erfährt rascher etwas über aktuelle Entwicklungen des Gesprächspartners und kann gegebenenfalls aktiv werden.
- Viele Telefonkontakte bieten in der Regel auch viele Informationen. Einerseits erhalten Sie viele und unterschiedliche Mitteilungen. Andererseits werden Sie so zu einem gefragten Netzwerkpartner, weil Sie stets aktuell und gut informiert sind.
- Kurze Telefonate bieten sich an, um die Beziehung am Leben zu halten. So muss man nicht immer etwas vom anderen wollen, sondern kann auch mal »nur so« anrufen. Auf diese Weise halten Sie sich im Gedächtnis.
- Kurze Telefonate ersetzen lange Briefe und manchmal auch weite Wege. Der richtige Gesprächspartner kann Ihnen also Zeitgewinn bringen. Außerdem wird er sich geschmeichelt fühlen, wenn Sie ihn um seinen Rat fragen.
- Telefonate sind weit weniger zeitaufwendig als Besuche. Der direkte Kontakt ist zwar nicht zu ersetzen. Aber das Telefon bietet eine in jeder Hinsicht ökonomische Ergänzung zum direkten Besuch.

Kapitel 6
Die besondere Bedeutung der Stimme am Telefon

Die Bedeutsamkeit der Stimme

Dass das äußere Erscheinungsbild einer Person unser erstes Urteil beeinflusst, wird kaum bezweifelt: Menschen nutzen das bewusst, sie kleiden sich chic und putzen sich heraus, um beispielsweise beim Rendezvous einen guten Eindruck zu machen. Oder denken Sie ans Einkaufen: Wie viele Produkte werden gekauft, weil sie , »ein tolles Design haben« oder »edel aussehen«. Bei all dem, was wir mit unseren Augen erfassen, ist das »offensichtlich«. Und wie verhält es sich in der Welt der Klänge?

Vielleicht haben Sie schon einmal folgende Situationen erlebt?

- ❖ Sie sitzen im Büro und erkennen bereits am Klang der Schritte auf dem Gang oder an der Art des Klopfens, wer es ist.
- ❖ Sie erkennen am Motorengeräusch aus dem Hof oder am Klingeln der Schlüssel im Flur, ob Ihr Partner oder die Nachbarn heimkehren.
- ❖ Auch ohne ihn gesehen zu haben, spüren Sie schon an der Art, wie Ihr Partner die Wohnung oder Ihr Chef das Büro betritt, wie seine Laune ist.
- ❖ Sie sehen im Fernsehen einen Spielfilm und erkennen die Synchronstimme wieder, weil Sie sie von einem anderen Schauspieler kennen. Vielleicht fällt er Ihnen sogar ein.
- ❖ Sie haben jemanden nach mehreren Telefonaten kennen gelernt und waren ganz überrascht, weil Sie sich ihn oder sie ganz anders vorgestellt haben.

Wenn Sie alle beschriebenen Situationen kennen, dann kann man Ihnen zu Ihrer hervorragenden akustischen Wahrnehmung gratulieren.

Die akustische Wirkung wird häufig unterschätzt

Wie aber kann man die Effekte erklären? – Die Wirkung akustischer Informationen wird häufig unterschätzt. Nur deshalb wundert man sich über die oben geschilderten Situationen. Dabei passiert in unserer akustischen Wahrnehmung etwas Ähnliches wie in unserer visuellen Wahrnehmung. Sie wären kaum überrascht, dass Sie es ansprechend fänden, wenn jemand den Pullover trägt, den Sie sich schon seit Tagen kaufen möchten.

Gleiches gilt für unsere akustische Wahrnehmung: Erstens identifizieren wir ähnliche akustische Muster. Deshalb erkennen wir Menschen »akustisch« wieder, noch bevor wir sie sehen. Der Klang der Stimme, des Schlüsselbundes, das Klackern der Schuhe, all das sind nach ausreichender Wiederholung bekannte Muster für das Ohr. Zweitens lösen die akustischen Signale Emotionen aus. Wenn Sie das Geräusch der Haustür hören, freuen Sie sich auf Ihren Partner oder Ihre Kinder, oder der Klang einer Stimme löst Sympathie oder Unbehagen aus.

Eine Frau erzählt, sie habe jemanden kennen gelernt, dessen Stimme sie an einen Verwandten erinnert. Dieser Verwandte löst in ihr unangenehme Erinnerungen aus, weil er ihr als Kind häufig etwas verboten hatte, mürrisch war und oft laut geschimpft hatte. Sie erklärt, dass Sie bei der Person, die sie kennen gelernt hatte, immer wieder an diesen Verwandten denken musste. Da sich das nicht änderte, es sie aber sehr störte, brach Sie den Kontakt schließlich ab.

Stimmen lösen Emotionen aus und sie rufen innere Bilder hervor. In einem Fernsehbericht wurde einmal von einer Frau berichtet, die den Ansagetext der Straßenbahn sprach. Ihre Stimme war offensichtlich so faszinierend und rief solch anregende Vorstellungen hervor, dass sie zahllose Liebesbriefe erhielt. – Vielleicht haben Sie bereits vergleichbare Reaktionen erlebt?

Stimmen lösen Emotionen aus

Sensibilisieren Sie sich für die Reaktionen, die Stimmen bei Ihnen selbst auslösen, dann erhalten Sie einen Eindruck, wie vielfältig auch Ihre Stimme wirken kann.

Übung

Schalten Sie den Fernseher ein und zappen Sie mit der Fernbedienung durch die Kanäle. Schließen Sie dabei Ihre Augen und konzentrieren Sie sich auf bekannte Stimmen. Erkennen Sie eine Stimme, stoppen Sie, und hören aufmerksam zu. Beachten Sie innere Bilder und Gefühle:

- ❖ Haben Sie eine Vorstellung vom Aussehen, von der Kleidung, von der Mimik der Person?
- ❖ Fallen Ihnen Bilder der Kulisse oder des Hintergrundbildes ein?
- ❖ Löst die Stimme angenehme oder unangenehme Gefühle aus?

Öffnen Sie die Augen und vergleichen Sie, inwieweit Ihre Vorstellungen und die realen Informationen übereinstimmen.

Diese Übung macht Ihnen bewusster, wie stark Sie auf die Qualität einer Stimme reagieren. Sie zeigt aber auch, dass man sich dieser Reaktionen nicht automatisch bewusst ist. Möglicherweise findet man also eine Person sympathisch oder unsympathisch, ohne zu merken, dass allein die Stimme der Person am Telefon die entsprechenden Gefühle ausgelöst hat.

Interessanterweise kann man beobachten, dass die meisten Menschen vergleichbare Reaktionen auf eine Stimme zeigen. Davon zu unterscheiden sind Reaktionen, die auf ganz bestimmte individuelle Erinnerungen zurückgehen. Die Stimmen der Eltern oder unliebsamer Lehrer oder guter Freunde lösen solche individuellen Reaktionen aus.

Natürlich hat auch Ihre Stimme bestimmte Qualitäten, und es wäre wahrscheinlich höchst interessant zu wissen, wie Ihre Stimme auf andere Personen wirkt. Sie lösen Bilder und Gefühle bei Ihren Zuhörern aus, vermutlich ohne zu ahnen, welcher Art sie sind. Es ist im Rahmen eines Buches nur möglich, auf die beschriebenen Effekte hinzuweisen. In einem Gespräch mit einem ehrlichen und geschulten Zuhörer können Sie aber vielleicht erfahren, welche Qualitäten in Ihrer Stimme dominieren.

Eine wichtige Erfahrung ist, dass die Wirkung der Stimme sich vollkommen von der Wirkung der äußeren Erscheinung unterscheiden kann. Es gibt viele Menschen, die eine hervorragende Telefonstimme haben, ohne es zu ahnen. Wenn Sie bereits Komplimente wegen Ihrer Stimme bekommen haben, dann ist das ein Hinweis darauf. Nutzen Sie dieses Potenzial, um Ihre Stimme am Telefon für sich arbeiten zu lassen.

Bisher haben wir uns vornehmlich damit beschäftigt, *was* Sie oder Ihre Gesprächspartner am Telefon sagen. In diesem Kapitel wird beschrieben, *wie* Sie Ihre Stimme trainieren können, um am Telefon besser zu wirken. In einzelnen Abschnitten erhalten Sie Gelegenheit, sich schrittweise mit verschiedenen Möglichkeiten vertraut zu machen. In den Übungen erleben Sie, durch welche Techniken Sie erreichen können, dass Sie Ihrer Stimme den bestmöglichen Ausdruck geben und selbstsicher und kompetent wirken.

Die Qualität der Stimme verbessern

Es gibt mehrere Möglichkeiten, die Stimme zu beeinflussen, auch wenn es vielleicht nahe liegt, sofort mit dem Sprechtraining zu beginnen. In diesem Abschnitt erfahren Sie, dass Sie den Klang Ihrer Stimme auch verbessern können, wenn Sie auf Ihre Mimik achten, sich mit Ihrer Atmung beschäftigen, Ihre Körperhaltung kontrollieren und Ihre Gedanken während des Telefonats steuern. Das Zusammenspiel all dieser Faktoren gestaltet sich komplex. Wenn Sie an einer Stelle etwas verändern, dann wird dies auch Auswirkungen auf den anderen Feldern haben.

Sprechen

Es bieten sich verschiedene Felder an, bei der Art des Sprechens anzusetzen, um die Wirkung der Stimme zu verbessern: Tempo und Rhythmik der Sprache entscheiden beispielsweise, ob Ihnen die Aufmerksamkeit des Zuhörers erhalten bleibt. Ein monotoner Rhythmus oder langsames Sprechen wirkt langweilig und ermüdet den Zuhörer schon nach wenigen Sätzen. Wenn Sie ausgeprägt langsam sprechen, sollten Sie sich bemühen, schneller sprechen zu lernen. Erhöhen Sie zum Ausgleich die Zahl der Pausen, wenn Ihnen das schwerfällt. Beachten Sie zudem: ein langsames Sprechen wirkt, als ob auch das Denken langsam sei. Sprechtempo, Pausen, Modulation und Rhythmik der Stimme sind

Tempo und Rhythmik können die Aufmerksamkeit erhöhen

entscheidende Signale, an denen Menschen »erkennen«, wie sicher und kompetent der Gesprächspartner am Telefon ist. Auf Seite 123 wird dieses Thema deshalb ausführlicher besprochen.

Zunächst beginnen wir mit einem anderen Aspekt des Sprechens: mit der Artikulation. Mit Artikulation beschreibt man, wie sauber die Lautbildung beim Sprechen vorgenommen wird. Am Telefon erlebt man häufig eine mangelhafte Aussprache. Das führt zu Missverständnissen oder man gewinnt den Eindruck von Nachlässigkeit und Desinteresse. Insbesondere wenn man sich meldet, sollte man den eigenen Namen bewusst deutlich aussprechen. Schenken Sie Ihrem eigenen Namen angemessene Wertschätzung, und Sie werden feststellen, dass seltener nachgefragt wird, wie Sie heißen.

Um bewusster zu sprechen, kann man sein Augenmerk darauf richten, Vokale und Konsonanten sauber auszusprechen. Dazu haben Sie in den folgenden Übungen Gelegenheit. Wenn Sie Dialekt sprechen, können Sie das problemlos beibehalten. Viele Dialekte werden sogar gerne gehört. Eine saubere Artikulation bewirkt, dass Sie verständlich klingen.

Ein weiteres Augenmerk zur Verbesserung der Artikulation richtet sich darauf, weniger Endsilben zu verschlucken. Versuchen Sie den klangerzeugenden Luftstrom bis zum Wort- und Satzende zu dosieren. In der Regel sinkt der Luftstrom vor dem Wort- und dann noch einmal vor dem Satzende ab, sodass Endsilben verschluckt klingen. Wiederholen Sie die folgenden Artikulationen regelmäßig, um Erfolge zu erzielen.

Übungen

Zungenübung

Nehmen Sie einen Absatz aus diesem Buch oder ein Gedicht. Lesen Sie den Text zunächst laut und hören Sie auf den Klang Ihrer Stimme.

Legen sie nun die Zunge an einen der hinteren Backenzähne. Während Sie die Zunge dort halten, sprechen Sie jetzt den Text noch einmal laut und möglichst verständlich. Machen Sie das zwei Minuten lang. Legen Sie die Zunge dann vorne an den oberen Gaumen und wiederholen Sie das laute Lesen noch einmal für zwei Minuten.

Hören Sie jetzt den Unterschied, wenn Sie den Absatz anschließend noch einmal laut, mit natürlicher Bewegung der Zunge sprechen?

Vokalübung

Lesen Sie die folgenden Vokalübungen mehrmals laut und bewusst sehr deutlich. Öffnen und schließen Sie Ober- und Unterkiefer sichtbar und formen Sie die Vokale mit den Lippen ruhig etwas übertrieben, damit Sie einen Eindruck erlangen, wie die Klänge im Mundraum geformt werden.

Abraham kam am Abhang an,
als Adam alten Knaben sang,
Not ohne Trost ob Ostern Fromme,
Vogel flog so Rosen kommen.

Im Witz windet widerwillig,
wie innig tief, wie frisch wie lieblich,
unter Ufern und um Ulmen,
munter lustvoll klugen Jugendbuben,

Den edlen Segen wird es geben,
Wenn Wehe Herzen werden zehren,
nur zur Stund und Zukunft kundig,
luden Blut Fluch Sturm du Stufe

Jede Seele strebt entgegen,
entlang entlegenen Wegen,
Wolken poltern hoch oh Sonne,
Ohne Opfer Ottmars oder Wonne

Nicht sinnend siegt die Knie dienstlich,
niemand diese Mitgift zierend,
auf langen Wagen lautlos lagen,
sah Anka arme Wale klagen.

Lust auf mehr? Dann beißen Sie auf einen Korken und führen Sie die Übungen dieser Seite durch.

Mimik

Auch Ihre Mimik beeinflusst den Klang der Sprache. Einen freundlichen Gesichtsausdruck kann man hören. Machen Sie ganz einfach die Probe.

> **Übung**
>
> Bitten Sie einen Kollegen oder einen Freund, Sie anzurufen und sagen Sie Ihm, Sie wünschen sein ehrliches Urteil. Melden Sie sich am Telefon, und setzen Sie dabei ein betont ernstes Gesicht auf. Bemühen Sie sich dennoch freundlich zu sprechen. Sie werden merken, dass das kaum möglich ist.
>
> Bitten Sie um einen zweiten Anruf. Bei diesem Anruf setzen Sie ein betont freundliches Gesicht auf. Lächeln Sie breit, während Sie sich melden und einige weitere Sätze sprechen. Bitten Sie Ihren Anrufer nun um ein ehrliches Urteil. Fragen Sie ihn, ob er einen Unterschied in Ihrer Stimme bemerkt hat.

Lächeln kann man hören

Sie werden mit Sicherheit feststellen, dass man auch bei Ihnen den Unterschied zwischen der ernsten und der freundlichen Mimik in der Stimme hören kann. Das Lächeln macht den Klang der Stimme transparenter und frischer. Das klingt motivierter und aufgeschlossener. Weil dieser Effekt so eindrücklich ist, wird manchmal empfohlen, einen kleinen Spiegel neben dem Telefon zu platzieren, der unmittelbar rückmeldet, welches Gesicht man beim Telefonieren macht. So wird man immer daran erinnert, zu lächeln.

Der Trick mit dem Spiegel ist hilfreich, aber ein Aufkleber mit einem lächelnden Gesicht oder ein Smiley neben dem Telefon erfüllen den gleiche Zweck. Insbesondere in schwierigen Gesprächssituationen oder wenn man bereits gestresst den Hörer abnimmt, werden Ihre Gesichtszüge automatisch ernster. Dann erinnern diese Helfer Sie, das professionelle Telefongesicht aufzusetzen.

Haltung

Die Körperhaltung beeinflusst die Atmung und den Gesichtsausdruck. Insofern verändert sich mit der Körperhaltung auch die Qualität der Stimme. Auch hier mag die folgende Übung Ihnen einen unmittelbaren Eindruck vermitteln.

> **Übung**
>
> Nehmen Sie auf dem Stuhl oder dem Platz, auf dem Sie jetzt sitzen eine gerade Haltung an. Stellen Sie die Füße auf den Boden, die Beine angewinkelt und den Oberkörper aufgerichtet. Der Kopf ist erhoben und der Blick geht geradeaus. Spüren Sie, wie sich Ihre gesamte Körpermuskulatur automatisch leicht spannt? Sie werden feststellen, dass auch Ihre Gesichtsmuskulatur leicht gespannt ist und Ihr Atem leicht fließen kann. Wenn Sie ungestört üben können, dann sagen Sie in dieser Haltung, was Sie üblicherweise sagen, wenn Sie sich am Telefon melden.
>
> Verändern Sie nun Ihre Haltung. Sinken Sie auf Ihrem Platz tief ein. Nehmen Sie eine betont lässige Haltung ein. Übertreiben Sie bewusst, sodass Sie fast auf dem Platz liegen, den Oberkörper stark eingebogen. Beachten Sie, wie durch diese geknickte Haltung Ihre Atmung abgeklemmt wird. Spüren Sie, wie der Körper an Spannung verliert. Vergleichen Sie auch hier wieder die graduellen Unterschiede in der Mimik. Sprechen Sie nun in dieser Haltung wieder laut, was Sie üblicherweise sagen, wenn Sie sich am Telefon melden.

Sie können die unterschiedliche Wirkung, die diese beiden Haltungen auf die Qualität Ihrer Stimme haben, wieder von einem Kollegen oder einem Freund testen lassen. Sie werden feststellen, dass die Haltung hörbare Unterschiede macht. Eine lässige Körperhaltung wird sich in einer lässigen, oft nachlässigen Stimme hörbar niederschlagen. Eine aufrechte Haltung spiegelt sich hingegen in einer klaren deutlichen Stimme wider. Nehmen Sie daher eine gerade Haltung ein, um im Telefonat sicher, kompetent und dynamisch zu wirken.

Atmung

In der Atmung spiegelt sich das Spannungsniveau des Körpers wider. Man unterscheidet einige verschiedene Arten der Atmung, die unterschiedlich gut geeignet sind, den Körper mit frischer Atemluft zu versorgen. Die Tiefvollatmung wird als die gesündeste Atmungsform bezeichnet. Bei dieser Atmung bewegt sich das gesamte Körpervolumen während des Atemvorgangs. Die Lungen und der Bauch sind dabei beteiligt. Leider atmet nicht jeder gesund. Viele Menschen sind Fehl- und Hochatmer. Bei der Hochatmung atmet man vor allem über die oberen und mittleren Lungenräume. Dies ist die »Brust-raus-Bauch-rein-Atmung«, bei der Sie, wenn Sie es ausprobieren, fast automatisch ein Hohlkreuz machen. Die Hochatmung findet auch im Klang der Stimme ihren Ausdruck. Sie wird dadurch höher und klingt angestrengter und gepresster. Im Extremfall wirkt sie quäkend und anstrengend für den Zuhörer. Verständlich, dass eine

Die Tiefvollatmung ist die gesündeste Atmungsform

Die Stimmhöhe allein ist nicht entscheidend

solche Stimme kaum geeignet ist, Ruhe und Kompetenz auszustrahlen. Wohlgemerkt: Die Stimmhöhe alleine ist nicht entscheidend. Frauen, die ja natürlicherweise eine höhere Stimme haben, können dennoch entspannt und sicher wirken. Dies gelingt aber nur, wenn die Stimme frei auf dem eigenen Grundton schwingt. Dazu ist es notwendig, die Tiefvollatmung zu beherrschen.

Einige erklärende Bemerkungen über den Ablauf des Atmens veranschaulichen die Zusammenhänge beim Tiefvollatmen:

- Der Zwerchfellmuskel ist ganz entscheidend an den Atmungsvorgängen beteiligt. Er spannt sich über den gesamten unteren Brustkorb und kann gleichermaßen als trennende wie verbindende Membran zum unteren Körperraum verstanden werden. Das Zwerchfell senkt sich bei der Einatmung ab, bewegt sich bei der Ausatmung wieder zurück und wölbt sich nach oben, unterstützt von der Muskulatur der Bauchwand. Die Zwerchfellmuskulatur ist bei den meisten Menschen, die viel Sitzarbeit verrichten, unterentwickelt.
- Durch das Heben und Senken des Zwerchfells wird auch die Herzfunktion unterstützt, was beim Sitzen besonders wichtig ist. Menschen, die sich ausreichend bewegen, unterstützen dadurch die Blutzirkulation. Für unser Thema von Interesse ist jedoch, dass die Stimmritze, die maßgeblich an der Formung der Laute beim Sprechen beteiligt ist, mit dem Zwerchfell verbunden ist. So wird in Ihrer Stimme hörbar, wie entspannt die Muskulatur ds Zwerchfells arbeitet.
- Bei der Tiefvollatmung fließt der Atem leicht und unhörbar bis tief in die Lunge. Dabei ist die Stimmritze erweitert und macht diese Atmung tonlos. Die Voraussetzung ist allerdings, dass die Muskulatur in Brust-, Schulter- und Nackenraum diese Bewegung nicht durch Verspannungen behindern. Das Ergebnis ist eine frei schwingende und gut hörbare Stimme, der man das unverkrampfte Atmen anhört.

Prüfen Sie nun durch Gähnen selber, wie die Tiefvollatmung funktioniert.

Übung

Recken und Strecken Sie sich einmal, um den Gähnmechanismus zu aktivieren, denn das Gähnen ist auch ein Dehnvorgang. Er sorgt dafür, den Sauerstoffmangel durch vertiefte Atmung zu beseitigen. Wenn Sie so noch kein Gähnen einleiten können, dann öffnen Sie den Mund bewusst weit, während Sie Arme und Oberkörper dehnen. Die übertriebene Imitation hilft das echte Gähnen einzuleiten. Verfolgen Sie den Fluss des Atems. Spüren Sie, wie sich diese Art der Atmung anfühlt und vergleichen Sie sie anschließend mit Ihrer »normalen« Atmung.

Wie wirksam die Arbeit an der Atmung ist, zeigt sich daran, dass Gesangstraining in der Regel auch Atemtraining beeinhaltet, oder die Schulung des bewussten Atmens eine wirkungsvolle und anerkannte therapeutische Methode ist. Wenn Sie selbst feststellen, dass sie flach und hoch atmen, oder man Ihnen bereits rückgemeldet hat, dass Ihre Stimme klingt, wie es oben beim Hochatmer beschrieben wurde, dann sollten Sie sich ausführlicher mit dem Thema Atemschulung beschäftigen.

In stressreichen, hektischen Telefonaten verändert sich die Atmung automatisch. Sie wird flacher und höher. Deshalb wirkt es spannungslösend, wenn man in solchen Momenten bewusst tief und ruhig atmet. Mit der Gähnübung wissen Sie jetzt, wie sich dieses tiefe Durchatmen anfühlen muss. In Kapitel 10, wenn es um den Umgang mit Belastungen geht, erlernen Sie eine Entspannungstechnik, in der sich diese Art der Atmung als natürliche Folge einstellen wird.

Abschließend sollen Ihnen noch zwei kleine Übungen helfen, das bewusste Atmen zu üben.

Übungen

Schnuppern

Mit dieser Übung üben Sie das bewusstere Wahrnehmen des Atmens. Bewegen Sie sich nach Möglichkeit an der frischen Luft, um diese Übung auszuführen. Atmen Sie ein, indem Sie wiederholt und leicht Schnuppern. Versuchen Sie dabei bewusst, alle Gerüche der Umwelt wahrzunehmen und zu erkennen. Beobachten Sie, wie sich die Nasenflügel verändern und wie die Luft durch Ihre Nase strömt. Atmen Sie zwischenzeitlich einige Male normal ein und aus. Wenn Sie Ihre Augen schließen, nehmen Sie dann die Gerüche und den Fluss der Luft noch intensiver wahr?

Diese Übung können Sie bei Spaziergängen hervorragend anwenden. Sie werden sie dann noch mehr genießen.

Hecheln

Diese Übung hilft Ihnen, die für die Tiefvollatmung so wichtige Zwerchfellmuskulatur zu trainieren. Setzen Sie sich dazu entspannt auf einen Stuhl, mit beiden Beinen fest auf dem Boden. Legen Sie die Hände leicht auf die Bauchdecke, direkt unterhalb des untersten Rippenbogens. Lassen Sie das Kinn entspannt herabhängen, sodass Ihr Mund geöffnet ist. Beginnen Sie nun langsam zu Hecheln, so wie es ein Hund tun würde. Führen Sie diese Übung nur etwa 10-15 Sekunden lang durch. Spüren Sie dabei, wie sich die Zwerchfellmuskulatur spannt und entspannt. Verfolgen Sie anschließend den freien Fluss des Atems. Führen Sie diese Übung regelmäßig durch, um Ihr Zwerchfell zu stärken.

Denken

Das Denken nimmt ebenfalls Einfluss auf die Qualität der Stimme. Ein fröhliches, vor Ideen und Tatendrang überschäumendes Kind wird ganz automatisch schneller sprechen und dadurch ganz lebendig klingen. In traurigen Momenten wird es sich dagegen viel bedrückter anhören, wenn seine Gedanken beispielsweise mit Misserfolg oder Hilflosigkeit beschäftigt sind.

Sie haben wahrscheinlich auch schon bei sich selbst erlebt, dass Ihre aktuelle Stimmung beeinflusst, mit welchen Gedanken Sie beschäftigt sind, und dass Ihre Stimme dann anders klingt als in Momenten höchster Freude. Wenn sie in solchen schwermütigeren Momenten mit einem Bekannten telefoniert haben, dann wurden Sie vielleicht gefragt, ob »bei Ihnen alles o.k. ist?«, selbst wenn Sie über ein völlig neutrales Thema gesprochen haben.

In solchen Momenten zeigt sich, dass Stimme, Denken und Stimmung sich gegenseitig bedingen. Was Sie denken und wie Sie sich fühlen, beeinflusst auch, ob Sie am Telefon niedergeschlagen, unmotiviert, desinteressiert oder aber motiviert, interessiert, neugierig und aufgeschlossen klingen.

Weil die Arbeit an den eigenen Gedanken ein so fruchtbarer Ansatz ist, insbesondere um mit schwierigen Situationen umzugehen, wird im folgenden Abschnitt ausführlicher darauf eingegangen.

Mentales Training am Telefon

Die Wirkung Ihrer Gedanken

Zur Verdeutlichung der Wirkung unterschiedlicher Gedanken haben Sie die Möglichkeit, an einem kleinen Gedankenexperiment teilzunehmen. Stellen Sie sich dazu einfach Folgendes vor:

Ein Gedankenexperiment

Am Arbeitsplatz spricht ein Kollege, ein sehr guter Freund, mit Ihnen. Er teilt Ihnen vertraulich mit, dass er gehört habe, Ihr Kollege Schneider werde Ihnen im Laufe des Tages ein nettes Präsent schenken, um sich für Ihren Einsatz in der Zeit seiner Abwesenheit zu bedanken. Sie persönlich beurteilen Ihren »Einsatz« eigentlich nicht als etwas Besonderes, weil es üblich ist, dass auch Herr Schneider Teile Ihrer Arbeit übernimmt, wenn Sie länger abwesend sind. Insofern erscheint Ihnen die Aussicht auf ein Präsent angenehm, wenngleich ungewöhnlich. Ab und an denken Sie darüber noch nach.

Erster Zwischenstopp: Was werden Sie wohl über Ihren Kollegen Schneider denken? Wie würden Sie sich wohl ihm gegenüber verhalten, wenn Sie ihm begegnen?

Die Geschichte geht weiter:

Im weiteren Verlauf des Tages sehen Sie Herrn Schneider zum ersten Mal an diesem Tag. Zunächst nur aus der Ferne. Er blickt freundlich zu Ihnen hinüber. Dann, etwas später, begegnen Sie ihm persönlich. Er grüßt Sie und ein Gespräch entwickelt sich. Sie unterhalten sich über dies und das. Ihre Vertretung in seiner Abwesenheit lobt er bei dieser Gelegenheit ebenfalls. Herr Schneider erwähnt nichts von einem Präsent. Er macht auch keine Andeutung, sondern verabschiedet sich, wie Sie es von Ihm aus der Vergangenheit kennen.

Zweiter Zwischenstopp: Was wird Sie wohl während des Gesprächs beschäftigen? Gibt es etwas, was Sie im Gespräch erwarteten? Was denken Sie wohl, nachdem das Gespräch in der beschriebenen Art und Weise beendet wird?

Der Arbeitstag endet. Als Sie das Gebäude verlassen, begegnen Sie zufällig noch einmal Herrn Schneider, der Ihnen einen schönen Feierabend wünscht.

Am nächsten Tag machen Sie Ihre Arbeit wie gewohnt. Begegnungen mit Schneider gibt es auch. Sein Verhalten Ihnen gegenüber ist, wie aus der Vergangenheit gewohnt. Von einem Präsent ist keine Rede.

Rückblick: Wie denken Sie über Ihren Kollegen Schneider? Vergegenwärtigen Sie sich, welchen Unterschied die Begegnungen mit Schneider gemacht hätten, wenn Sie die »Präsent-Information« nicht bekommen hätten. Bedenken Sie einmal, was Sie über Schneider annehmen würden und wie Sie sich ihm gegenüber verhalten würden, wenn Sie über zwei Ecken Folgendes erfahren würden: Ein anderer Kollege, der, genau wie Sie, in Schneiders Abwesenheit Aufgaben übernommen hat, hat von Schneider ein kleines Präsent erhalten.

An diesem Beispiel wird deutlich, was der »vertrauliche Tipp des Kollegen« bewirken kann. Es soll zeigen, wie Informationen Einfluss auf Ihr Denken nehmen. All die unterschiedlichen Gedanken, die Sie haben, die Fragen, die Sie beschäftigen, beeinflussen in weiterer Folge, wie Sie sich verhalten. Deshalb macht es auch wahrscheinlich einen erheblichen Unterschied in Ihrer Reaktion auf Herrn Schneider, ob Sie erwarten, dass er Ihnen ein Präsent schenkt, oder ob Sie dies nicht erwarten.

Mentales Training einsetzen

Dies ist eine Erfahrung, die Sie im Berufsalltag in ähnlichen oder übertragbaren Zusammenhängen wahrscheinlich häufig machen. Vielleicht vollzieht es sich nicht immer so bewusst. Das Wissen um diese Zusammenhänge wird unter dem Schlagwort »mentales Training« von vielen Berufsgruppen genutzt, bei denen es auf Spitzenleistungen ankommt. Insbesondere Sportler setzen dieses Wissen gezielt ein. In diesem Abschnitt erfahren Sie, wie man »mentales Training« auch auf das Telefonieren übertragen kann.

Insbesondere in kritischen Situationen, das wäre im Sport der Wettkampf, schaffen Sie so Zugang zu Ihren eigenen Potenzialen und setzen sie optimal ein.

Der innere Dialog in kritischen Situationen

Haben Sie auch schon erlebt, dass Sie im Supermarkt standen und sich fragten: »Da war doch noch etwas, an das ich denken wollte...«. Vielleicht haben Sie dies sogar leise ausgesprochen? Dass man »laut denkt« ist ein ganz normales Verhalten, das man meist in Momenten beobachten kann, wenn das Verhalten sehr bewusst kontrolliert wird. Sie können dieses Verhalten beobachten, wenn Menschen sich auf die Ausführung einer schwierigen oder komplizierten Arbeit konzentrieren, wenn jemand etwas fehlerlos machen möchte, oder bei Kindern, wenn sie spielen.

In solchen Momenten wird das eigene Denken ganz zielgerichtet auf die korrekte Ausführung des eigenen Handelns fokussiert. Dabei wird der innere Dialog kurzzeitig bewusst, der uns ständig begleitet. Er gibt Aufschluss über das Denken in den entsprechenden Situationen. Im Alltag begleitet uns diese innere Tonspur glücklicherweise nicht fortwährend.

In kritischen Situationen ist der Zugang zum inneren Dialog aber die Voraussetzung, um zu erkennen, welche Gedanken Ihr Verhalten lenken. Bevor Sie daran gehen können, Ihre mentale Einstellung für kritische Situationen fit zu machen, brauchen Sie also einen Zugang zu Ihrem inneren Dialog.

Führen Sie die folgende Übung einige Male durch, dann wird Ihnen dieser Zugang immer leichter glücken.

> **Übung**
>
> Beobachten Sie sich einmal beim Telefonieren. Wählen Sie dazu zunächst alltägliche Situationen, die nicht Ihre volle Aufmerksamkeit beanspruchen. Wenn Sie das Gespräch beendet haben, dann notieren Sie die Gedanken, die Sie im Gespräch hatten. Nehmen Sie sich einige wenige Minuten, um aufzuschreiben, welche Gedanken über das Gespräch, nicht über den Inhalt (!), Ihnen während des Gesprächs durch den Kopf gingen. Notieren sie diese Gedanken, ganz ohne zu beurteilen, ob sie gut oder schlecht, erlaubt oder sinnvoll sind.

Was denken Sie in kritischen Situationen?

Wahrscheinlich können Sie in den meisten Telefongesprächen flexibel und kreativ reagieren. Um Ihre Telefonkommunikation zu professionalisieren ist es daher aufschlussreicher, die Situationen zu analysieren, in denen Sie nach eigener Einschätzung in Schwierigkeiten geraten. Diese Situationen sind es, in denen Ihnen das fehlt, was Sie am meisten benötigen, nämlich Kreativität und Flexibilität, um Ihre fachliche Kompetenz voll auszuschöpfen.

Der Blick auf schwierige Situationen bringt Verbesserung

Der Blick auf diese Situationen lohnt also besonders, wenn man den inneren Dialog analysieren möchte. Dazu stellen wir zunächst einige typische Gedanken vor, die im Gespräch mit sehr schwierigen Gesprächspartnern häufig genannt werden:

»Warum gerade ich?«
»Noch so einer.«
»Was mache ich jetzt?«
»Das kenne ich schon.«
»An wen leite ich den weiter?«
»Wie werde ich den los?«
»Warum ist der denn so unfreundlich?«
»… ist der unsympathisch!«
»Was biete ich dem jetzt?«
»Das ist doch wie bei Kunde X.«
»Was will der überhaupt von mir?«

Vielleicht kennen Sie solche oder ähnliche Gedanken aus Ihren eigenen schwierigen Gesprächen. Wenn Sie mit der vorangegangenen Übung gelernt haben, Ihren persönlichen inneren Dialog bewusst zu machen, dann können Sie nun daran gehen, die folgende Übung durchzuführen. Sie liefert Ihnen das Datenmaterial, mit dem Sie in den folgenden Abschnitten weiterarbeiten werden.

Übung

Denken Sie an einige Telefonate, die aus Ihrer Sicht nicht so verlaufen sind, wie Sie es sich gewünscht hätten.

Notieren Sie nun die Gedanken, die Sie sich in Ihrem inneren Dialog selbst gesagt haben. Nehmen Sie sich einige Minuten Zeit, um die Gedanken aufzuschreiben. Beachten Sie, dass es um Gedanken geht, wie sie in der Abbildung oben beispielhaft vorgestellt wurden, der Inhalt des Gesprächs spielt keine Rolle. Beurteilen Sie auch hier die Gedanken nicht.

....
....
....
....
....
....
....
....
....
....
....
....
....
....
....
....
....
....

Nehmen Sie sich jeweils auch nach den künftigen Gesprächen, die Sie nicht zufriedenstellen, einige Minuten Zeit, diese Aufgabe durchzuführen. Dann wird Ihnen Ihr innerer Dialog leichter zugänglich, und Ihr Datenmaterial vervollständigt sich.

Die Wirkung der Gedanken in kritischen Situationen

Vielleicht kennen Sie aus Ihren eigenen kritischen Situationen ähnliche Gedanken, wie Sie oben vorgestellt wurden? Die Wirkung dieser Gedanken soll nun genauer unter die Lupe genommen werden.

Übung

Betrachten Sie die Liste der Gedanken bei sehr schwierigen Gesprächspartnern noch einmal genauer. Überlegen Sie zunächst selbst, welche Wirkung sie wohl auf Ihr Verhalten hätten. Vergleichen Sie Ihr Ergebnis mit den Wirkungen, die diese Gedanken bei den meisten Menschen auslösen. Wahrscheinlich werden Sie einige vergleichbare Ergebnisse bei der Bearbeitung der Übung erzielt haben.

Gedanke	Konkrete Wirkung der Gedanken auf das Verhalten
Gedanken, die negative Wirkungen haben:	
»Warum gerade ich?«	Es entsteht das Gefühl, ungerecht behandelt zu werden.
»Noch so einer.«	Erinnerungen an ungute Situation (schlechtes Gefühl) kommen auf.
»Was mache ich jetzt?«	Hilflosigkeit.
»Wie werde ich den los?«	Lösungssuche bleibt aus.
»Warum ist der denn so unfreundlich?«	Ärger über den Gesprächspartner.
»Ist der unsympathisch!«	Motivation, dem anderen zu helfen sinkt.
Gedanken, die neutral in ihren Wirkungen sind:	
»Was will der überhaupt von mir?«	Man versucht Bedürfnisse des Gesprächspartners herauszufinden oder alternativ dazu: man stellt fest, dass man hier nichts ändern kann.
Gedanken, die positive Wirkung haben:	
»Das kenne ich schon.«	Man erinnert sich an einen ähnlichen Fall.
»An wen leite ich den weiter?«	Man kramt in Gedanken nach dem zuständigen Ansprechpartner.
»Was biete ich dem jetzt?«	Man sucht nach einer passenden Lösung.
»Das ist doch wie bei Kunde X.«	Man erinnert sich an eine Lösungsmöglichkeit.

In dieser Übersicht wurden die Gedanken nach ihren unterschiedlichen Wirkungen gruppiert und geordnet. Dabei wird die Widersprüchlichkeit ihrer Wirkungen deutlicher. Es ergibt sich ein typisches Bild, das Sie wahrscheinlich aus Ihren schwierigen Telefonaten kennen.

Positiv bedeutet in diesem Zusammenhang, dass es der Person möglich ist, die Umstände in den Griff zu bekommen, um die Situation zu entspannen. *Negativ* bedeutet: die erlebte Schwierigkeit der Situation bleibt eher erhalten oder verstärkt sich. Daneben gibt es immer noch einige Gedanken, die weder zur Erleichterung noch zur Verschlimmerung der Situation beitragen.

Das Auffällige an der beschriebenen Art von Situationen ist, dass negative Gedanken, die eher Hilflosigkeit, Ärger, Desinteresse am Gesprächspartner verstärken, einen größeren Raum einnehmen und entsprechend größeren Einfluss auf das Verhalten der Person haben – mit den entsprechenden Folgen.

Die Verbesserung wird sich einstellen, wenn die Zahl der negativen Gedanken verringert, die Anzahl der positiven Gedanken erweitert und die Art der Gedanken verändert wird.

> **Übung**
>
> Untersuchen Sie nun die Gedanken, die Sie in der Übung von Seite 115 gesammelt haben. Stellen Sie fest, welche Auswirkungen die Gedanken auf Ihr Verhalten hatten, wie Sie Ihr Verhalten im Telefonat beeinflussen.

Display-Situationen

Mithilfe moderner ISDN-Anlagen kann man Gesprächspartner identifizieren, bevor man das Telefonat mit Ihnen aufnimmt. Das hat bisweilen entscheidende Auswirkungen auf den Gesprächsverlauf. Viele Personen berichten, dass Sie mit diesem Wissen häufig ganz anders in ein Telefonat mit einem schwierigen Gesprächspartner gehen. Gespräche, wie diese, die gelingen, nennen wir Display-Situationen. Obwohl es sich um schwierige Gespräche handelt, stehen Ihnen Ihre Kompetenzen flexibel und kreativ zur Verfügung. Sie können mit dieser Art schwieriger Situationen gut umgehen. Die Frage ist, was diese Situationen von anderen schwierigen Situationen unterscheidet?

Die Antwort liegt auf der Hand. Es sind die Gedanken, die man in solchen Situationen hat. Um dies zu verdeutlichen, kann man das gleiche Verfahren anwenden, das wir bereits oben vorgestellt haben. Eine Analyse der Gedanken, die verschiedene Personen in Situationen hatten, die sie als schwierig erlebt haben, die sie aber zur vollen Zufriedenheit gelöst haben, ergibt ein eindeutiges Bild. Lesen Sie nun ein typisches Beispiel einer solchen Befragung. Diesmal stehen die Wirkungen, die die Gedanken bei den Personen ausgelöst haben, gleich daneben.

Gedanke	Konkrete Wirkung der Gedanken auf das Verhalten
Gedanken mit negativer Wirkung:	
»Noch so einer.«	Gefühl, ungerecht behandelt zu werden.
»Was mache ich jetzt?«	Erinnerung an ungute Situationen (schlechtes Gefühl).
»Ist der unfreundlich!«	Hilflosigkeit
Gedanken mit positiver Wirkung:	
»Der schon wieder.«	Man erinnert sich an die Person.
»… das ist doch der Fall mit xyz.«	Man erinnert sich an den Fall.
»Das ist doch gar nicht so schlimm.«	Man bewahrt die Ruhe.
»Bleib ganz ruhig (zu sich selbst)!«	Man kramt in Gedanken nach dem zuständigen Ansprechpartner.
»Wo habe ich die Unterlagen?«	Man sucht nach einer passenden Lösung.
»…der XY. Den muss ich ganz vorsichtig behandeln.«	Man wird aktiv: Sucht gleich die Akte, Informationen usw.
»Na was hat der denn für eine Frage?«	Man wird neugierig.

Der Blick auf die Übersicht zeigt, dass hier die Zahl der Gedanken mit positiver Wirkung deutlich überwiegt. Die verfügbare Energie in der Situation wird also einerseits stärker konzentriert, weil auffällig weniger Gedanken im Widerspruch stehen. Hinzu kommt, dass die Gedanken konstruktiv und auf eine Lösung gerichtet sind.

Der Vergleich der Gedanken in Display-Situationen und in nicht lösbaren schwierigen Situationen zeigt also einen grundverschiedenen inneren Dialog. Dabei ist aber die Aufregung in beiden Situationen vergleichbar: der Puls steigt also hier wie da. Aber in Display-Situationen bleibt das Verhalten kontrollierbar. Sie werden nicht zum Spielball ihrer eigenen Gefühle. Im Gegenteil: Sie werden aktiv, sie greifen sich Akten, sie warnen Kollegen, sammeln sich und konzentrieren sich vor dem Gespräch. In nicht lösbaren Situationen wird eher berichtet, dass man vor Überraschung erstarrt und förmlich zuschaut, was da mit einem geschieht.

In Display-Situationen bleibt das Verhalten kontrollierbar

Übung

Erinnern Sie sich einmal an einige Situationen, die Sie als schwierig erlebt, aber zufrieden stellend gelöst haben.

Sammeln Sie nun wieder die Gedanken, die Ihnen während der Situationen durch den Kopf gingen. Überprüfen Sie, welche positiven Gedanken es waren, die Sie hatten, und welche Wirkung auf Ihr Telefonverhalten und den Gesprächsverlauf Sie beobachten konnten.

....
....
....
....
....

Erinnern Sie nun an einige Situationen, die Sie als schwierig erlebt haben. Sammeln Sie die Gedanken, die Ihnen während dieser Situationen duch den Kopf gingen. Vergleichen Sie anschließend die Gedanken mit dem Ergebnis des ersten Teils dieser Übung.

....
....
....
....
....

Konstruktiver Selbstdialog am Telefon

Handlungsfähigkeit optimieren

Der konstruktive Selbstdialog richtet sich darauf, Gedanken zu verstärken und bewusst einzuüben, die Ihre Handlungsfähigkeit optimieren. Das wird nach einiger Übung zu einem automatischen Verhalten, zu einer neuen Gewohnheit, die Sie nicht mehr missen möchten.

Es gibt drei Arten von Gedanken, die Sie unterscheiden können. Alle drei Arten zielen auf Kompetenz und Kontrolle der Situation ab. Sie erleichtern es, sich auf die gegebene Situation zu konzentrieren und sich aktiv steuernd damit auseinanderzusetzen, statt nur die unerwünschten und unangenehmen Folgen zu beachten.

Da Sie Ihren eigenen inneren Dialog mittlerweile schon besser kennen, haben Sie nun die Möglichkeit, zu prüfen, welche Art von Gedanken bei Ihnen noch unterrepräsentiert ist. Anschließend geht es darum, diese gezielt zu beachten und zu verstärken.

1. Positive Gedanken zur eigenen Person
»Ich werde das schaffen.«
»Mit dem komme ich schon klar.«
»Da weiß ich Bescheid.«
»Das, was ich weiß, kann ich ihm auch erklären.«
»Ich kenne mich in diesem Bereich aus.«
»Jedem, auch mir kann einmal ein Fehler passieren.«

Wenn Sie diese Liste lesen, werden Sie feststellen, dass sich alle Gedanken auf den Sprecher beziehen. Außerdem sind alle Formulierungen positiv insofern, als sie grundsätzlich die Fähigkeiten und Möglichkeiten der Person anerkennen.

Positive Gedanken stärken

Im Gegensatz zu positiven Gedanken verhindern negative Gedanken den Zugang zu den eigenen Fähigkeiten. Negative Gedanken führen zu einer resignativen Grundhaltung, weil die eigene Person abgewertet wird. Deshalb ist es wichtig, positive Gedanken über sich selbst zu stärken. Sie eröffnen Ihnen Zugang zu Ihren Potenzialen. Damit lenken Sie auch die Energie auf ein zuversichtliches aktives Verhalten. Sie erleben sich weniger als Opfer der äußeren Umstände, sondern steuern den Verlauf der Telefonate.

2. Akzeptierende Grundhaltung dem Gesprächspartner gegenüber
»Der ist aber aufgeregt.«
»Die Stimme ist mir sympathisch.«
»Wahrscheinlich hat er einen Grund, so zu reagieren.«
»Er ist der Kunde, und er will sein Geld richtig anlegen.«
»Er fragt so oft nach, weil er es genau wissen will.«
»Er meint nicht mich persönlich!«

Alle Gedanken, die in dieser Liste gesammelt wurden, beziehen sich auf den Gesprächspartner.

Wenn es Ihnen gelingt, Ihrem Gesprächspartner gegenüber Akzeptanz aufzubringen, dann werden Sie sich konstruktiver verhalten. Der glückliche Fall, dass Sie Ihren Gesprächspartner sympathisch finden, ist nicht immer gegeben. In schwierigen Gesprächssituationen nehmen abwertende Gedanken über den Gesprächspartner mehr Raum ein. Solche Gedanken verurteilen den anderen schnell. Manchmal müssen Sie sich möglicherweise sogar beherrschen, dem anderen nicht zu sagen, was Sie wirklich von ihm denken.

Akzeptanz aufbringen

Dieser Art von Gedanken steht eine akzeptierende Grundhaltung gegenüber. Der Gesprächspartner wird grundsätzlich als gleichwertig geachtet, auch wenn sein aktuelles Verhalten missbilligt wird. Sie trennen dann also grundsätzlich zwischen der Missbilligung des Verhaltens und der Akzeptanz des Menschen.

3. Lösungsorientiertes Denken
»Erst dreimal durchatmen.«
»Moment, welche Informationen brauche ich jetzt?«
»Was muss ich jetzt zuerst tun?«
»Bei welchem Kunden war das ähnlich?«
»Was kann man daraus lernen?«
»Ausreden lassen, zuhören, ruhig sprechen.«

Lösungsorientiertes Denken ist erkennbar, wenn die Gedanken sich auf das aktuelle Verhalten und das aktuelle Thema konzentrieren. In allen oben dargestellten Sätzen werden Reaktionen angestoßen, die es der Person ermöglichen, die Situation zu meistern. Das Durchatmen beispielsweise beruhigt, die Suche

Lösungsorientiert denken

nach Unterlagen führt dazu, dass Fakten griffbereit sind, und die Frage, was zuerst zu tun ist, macht die Situation überschaubar und leitet den ersten Schritt ein. Infolge solcher Gedanken sind und bleiben Sie handlungsfähig. Eine Lösungssuche und eine rasche Bearbeitung des Gesprächs ist das Ergebnis.

Im Gegensatz dazu steht das problemorientierte Denken. Es kommt in Gedanken zum Ausdruck, die eher darauf gerichtet sind, Schuld oder Unschuld zu klären, oder die Ursache der aktuellen Situation zu ergründen. Damit ergibt sich aber in den seltensten Fällen eine Lösung der gegebenen Situation.

Wie Sie den konstruktiven Selbstdialog fördern

Den konstruktiven Selbstdialog bewusst einsetzen

Sie werden bald bemerken, dass es Ihnen mit ein wenig Übung immer leichter fällt, den konstruktiven Selbstdialog bewusst einzusetzen, um auch in kritischen Situationen entspannt und handlungsfähig zu bleiben. Folgende Anregungen helfen Ihnen dabei:

- Erinnern Sie sich bewusst daran, Ihre Gedanken auch während des Telefonats wahrzunehmen. Machen Sie sich während des Gesprächs Notizen. Ist das zu schwierig? Dann notieren Sie Ihre Gedanken erst nach dem Gespräch.
- Bereiten Sie sich mental auf schwierige Gespräche vor. Wiederholen und bestärken Sie bereits vor solchen Telefonaten die Gedanken, an die Sie während des Telefonats denken wollen. Schreiben Sie diese gegebenenfalls auf und legen Sie sie sichtbar neben das Telefon.
- Wenn Sie erst wenige eigene positive Gedanken haben, dann üben Sie anfangs die Gedanken ein, die Sie oben gelesen haben. Ersetzen Sie sie nach und nach durch persönliche Formulierungen.
- Identifizieren Sie die Gedanken, die Ihnen helfen, sich selbst zu akzeptieren, und konzentrieren Sie sich darauf.
- Wenn Ihnen ein Gesprächspartner unsympathisch ist, dann konzentrieren Sie sich stärker auf die lösungsorientierten Gedanken.
- Loben Sie sich selbst, wenn es Ihnen gelungen ist, Ihre Gedanken bewusst zu steuern und den konstruktiven Selbstdialog einzusetzen.

Wie Sie selbstsicher und kompetent wirken

Hätten Sie etwas dagegen, wenn Ihre Stimme am Telefon selbstsicher und kompetent klingt? Wahrscheinlich nicht. Die meisten Menschen möchten gerne selbstsicher wirken – am besten auch in kritischen Situationen. Kritische Situationen widerum entstehen aber bei unsicheren Personen viel häufiger allein durch deren Verhalten.

Man kann diese Zusammenhänge in einem Kreismodell darstellen. Dabei wird deutlich, wie diese Faktoren aufeinander wirken.

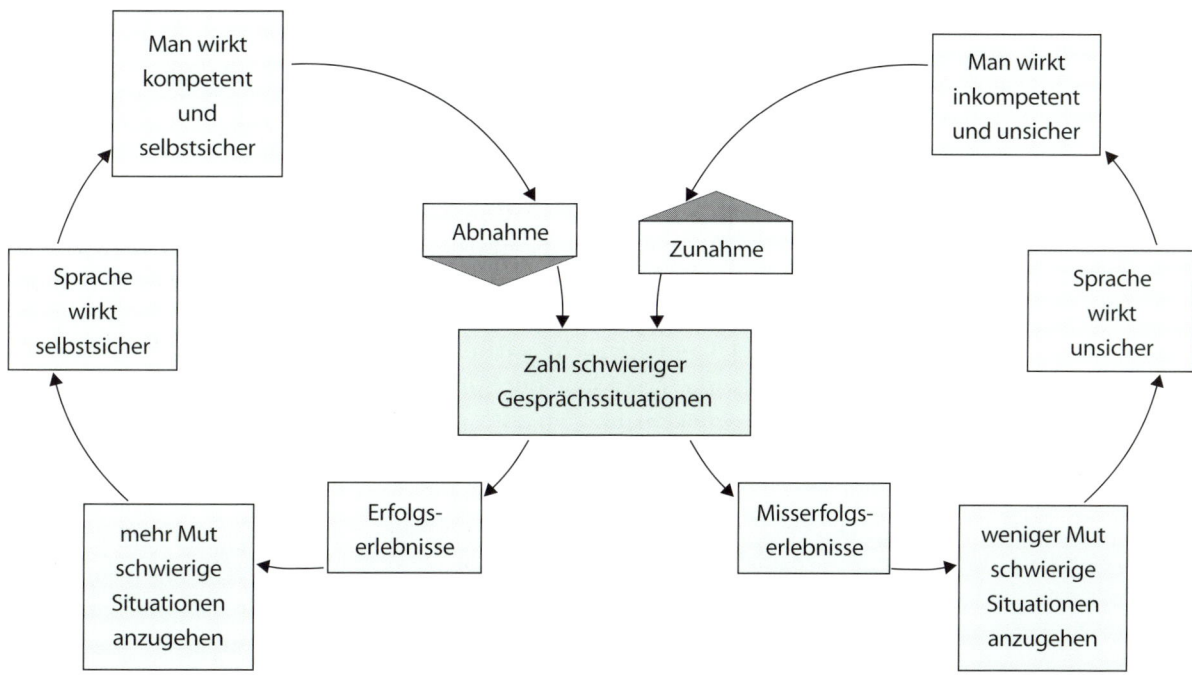

Dieses Kreismodell zeigt Folgendes:

- Je selbstsicherer Sie sich fühlen, desto weniger erfahren Sie wirklich schwierige Gesprächssituationen. Fühlen Sie sich dagegen eher unsicher, dann erleben Sie auch häufiger schwierige Gesprächssituationen.
- Betrachten wir das Verhältnis von Erfolgserlebnissen zu den Misserfolgserlebnissen, so fällt auf, dass dieses besser aussieht, je seltener schwierige Gesprächssituationen erlebt werden. Das wiederum bewirkt, dass Sie sich selbstsicherer fühlen und sprechen.
- Sie können an einem beliebigen Faktor ansetzen. Die positiven Auswirkungen werden Sie auch stets bei den anderen Faktoren bemerken.
- Der Einfluss des Fachwissens bleibt dabei unberücksichtigt. Fachliche Kompetenz ist zwar wichtig, die Erfahrung zeigt aber immer wieder, dass auch kompetente Personen unsicher wirken können.
- In der Sprechweise kommt der Grad Ihrer Selbstsicherheit unmittelbar zum Ausdruck. Da Sie Ihre Sprache direkt beobachten und kontrollieren können, ist es besonders Erfolg versprechend, hier anzusetzen, um die eigene Wirkung zu verbessern.

Sie vermitteln Ihrem Gesprächspartner bereits in den ersten Sekunden des Gesprächs über die Qualität Ihrer Stimme, die Art des Satzbaus und die Wahl der Worte, wie leicht Sie aus der Fassung zu bringen sind. Beobachtungen zeigen, dass die meisten Menschen am Telefon erkennen, wie sicher ihr Gegenüber ist. Die Stimme, die am Telefon die einzige Informationsquelle darstellt, scheint also sehr genau widerzuspiegeln, wie sich der Gesprächspartner gerade fühlt. Wenn man einmal bewusst nur auf den Klang der Stimme achtet und die Inhalte überhört, kann man sehr genau heraushören, wann eine Person selbstsicher auf uns wirkt. Der Klang der Stimme solcher Personen ist in einigen beschreibbaren Aspekten deutlich unterscheidbar von unsicher wirkenden Personen. Sie können bewusst darauf achten, diese Aspekte in Ihrer Stimme zu beobachten und gegebenenfalls zu verändern.

An der Stimme zu arbeiten, um kompetenter und selbstsicherer zu erscheinen, ist für viele zunächst eine ungewohnte Vorgehensweise. Erfahrungsgemäß neigen die meisten Menschen dazu, sich fachlich kompetenter zu machen, wenn sie von ihrer Unsicherheit wissen. Dahinter steht die Hoffnung, dass man durch höhere fachliche Kompetenz auch eine selbstbewusstere Wirkung erzielt. Die Erfahrung zeigt aber, dass dies keine notwendige Voraussetzung ist. Entscheidender ist es, *wie* man sein Fachwissen dem Gesprächspartner darstellt und *wie* man eventuelle Wissenslücken umgeht.

Die folgenden zwei Aspekte werden Ihnen besonders helfen, einen selbstsicheren und kompetenten Eindruck zu vermitteln:

- Setzen Sie Sprechrhythmus und Sprechmodulation bewusst ein.
- Vermitteln Sie Ihrem Gesprächspartner Verantwortungsbewusstsein.

Auf beide Punkte gehen wir getrennt ein. Sie werden feststellen, dass Veränderungen an einer Stelle sich aber auch auf der anderen Seite auswirken. Experimentieren Sie mit den Übungen. Suchen Sie, was bei Ihnen persönlich effektiv und leicht umzusetzbar ist.

Sprechrhythmus und Sprechmodulation bewusst einsetzen

Der Rhythmus Ihrer Sprache wird durch die Variation Ihrer Sprechgeschwindigkeit und die Art der Pausen bestimmt. Zusammen mit der Modulation beeinflusst dies, wie angenehm Ihre Stimme klingt. Eine monotone, langsame Stimme klingt einschläfernd, eine bewegte Stimme, deren Tempo variiert, wirkt lebendig und lädt zum Zuhören ein.

Die Sprechgeschwindigkeit

Überlegen Sie einmal, wie sich Ihr Sprechtempo verändert, wenn Sie in eine Stresssituation geraten. Je nach der Art der Stresssituation und Ihrer Persönlichkeit werden Sie in folgenden unterschiedlichen Weisen reagieren.

Wie verändert sich Ihr Sprechtempo in Stresssituationen

- Der erste und häufigste Reaktionstyp steigert sein Sprechtempo. Die Erregung und das zunehmende Erklärungsbedürfnis führen zu dieser Beschleunigung. Diese Reaktionsweise ist vor allem bei »Selbstorientierten« (vgl. Kapitel 4) zu beobachten.
- Der zweite Reaktionstyp ist seltener. Bei ihm stellt sich unter Stress eine auffällige Verlangsamung des Sprechtempos ein. Die weitere Reaktion wird regelrecht blockiert. Diese Reaktionsweise kann man vor allem bei »Fremdorientierten« (vgl. Kapitel 4, Seite 69) beobachten.
- Ein mittleres Sprechtempo drückt hingegen Sicherheit aus. Wenn man sich seines Standpunktes bewusst ist, sehr genau weiß, was man sagen oder wie man reagieren wird, dann spricht man in einer relativ ruhigen, aber dennoch zügigen Geschwindigkeit.

Mit ein wenig Übung können Sie Schwankungen in der Stimme Ihrer Gesprächspartner bewusst wahrnehmen. Unbewusst machen Sie dies bereits jetzt. Wenn Sie in einem Telefonat bei Ihrem Gegenüber eine Unsicherheit feststellen, dann können sie das vielleicht noch nicht genau begründen. Der Aspekt, der Ihnen die Hinweise liefert, ist jedoch benennbar. Unbewusst nehmen Sie die Veränderung der Sprechgeschwindigkeit wahr.

Da sich Ihre eigene Sprechgeschwindigkeit in schwierigen Telefonaten automatisch verändert, sollten Sie sich vorbereitend mit der eigenen Sprechgeschwindigkeit vertraut machen. Zu Beginn konzentrieren Sie sich vor allem darauf, auffällige Wechsel zu beachten.

Tipps zur Kontrolle der Sprechgeschwindigkeit:

- Machen Sie sich Ihre Sprechgeschwindigkeit sichtbar. Während der nächsten Telefonate klopfen Sie dazu mit Ihrer freien Hand Ihren Sprechrhythmus in die Luft, während Sie sprechen. Optisch zeigen Sie sich so, wie rasch oder langsam Sie sprechen. Das gibt Ihnen eine sichtbare Kontrolle, um langsamer oder schneller zu sprechen.
- Haben Sie als Gesprächspartner eine Person, die auf Sie kompetent wirkt, wenn sie spricht, dann probieren sie während des Telefonats Folgendes: Während Sie dieser Stimme zuhören, versuchen Sie durch ihr Nicken in den Rhythmus der Sprechgeschwindigkeit einzuschwingen. Achten Sie darauf, wie dieses Sprechtempo sich von Ihrem eigenen natürlichen Sprechtempo unterscheidet. Behalten Sie das Nicken bei und sprechen Sie in dem übernommenen Rhythmus.
- Beobachten Sie bei anderen Menschen, wie sich deren Sprechtempo in unterschiedlichen Gesprächssituationen phasenweise verändert. Dazu können Ihnen Ihre Kollegen, Ihr Partner, Freunde oder Personen im Radio als Beobachtungsobjekte dienen. Auf diese Weise sensibilisieren Sie sich für fremde und eigene Sprechtempi.
- »Sachorientierte« sollten bewusst mit unterschiedlichen Sprechgeschwindigkeiten spielen. So wirken sie lebendiger und beteiligter.
- Machen Sie kürzere Sätze. Ein Punkt wirkt wie eine Bremse. Er zwingt Sie, das Sprechtempo etwas zu drosseln.

Pausen machen

Auch an der Zahl der Pausen, die jemand während des Sprechens macht, kann man seine Sicherheit oder Unsicherheit erkennen. Die Zahl der Sprechpausen hängt mit der Sprechgeschwindigkeit indirekt zusammen. Bei unsicher wirkenden Sprechern nimmt die Zahl der Pausen stark ab, wenn die Erregung sie hektisch werden lässt, oder sie nimmt auffällig zu, weil die Reaktionsfähigkeit blockiert wird. Sicher wirkende Sprecher setzen dagegen sinnvolle Sprechpausen. Diese Pausen unterstreichen das Gesagte, indem Sie durch den Einschnitt zusammenhängende Abschnitte herstellen, neue Gedanken voneinander trennen und Denkpausen erlauben. Damit unterstützen Sie das Verstehen. Sie können dies beispielsweise bei Nachrichtensprechern hören.

Sinnvolle Sprechpausen zeigen Sicherheit

In Stresssituationen verändert sich die Zahl der Sprechpausen ganz automatisch. Beachten Sie Ihre Sprechpausen insbesondere dann, wenn Sie wissen, dass Sie zu schnell sprechen und Pausen vernachlässigen, oder wenn Sie schon mehrfach erlebt haben, dass man Sie am Telefon fragt, ob Sie noch »da sind«.

Tipps zum Umgang mit Sprechpausen:

- Wenn Sie zu den »Selbstorientierten« gehören (vgl. Kapitel 4), dann empfehlen wir Ihnen in schwierigen Situationen besonders auf die Zahl der Sprechpausen zu achten.
- »Selbstorientierten« fällt es erfahrungsgemäß leichter, die Sprechpausen zu beachten als die Sprechgeschwindigkeit zu kontrollieren. Tun Sie das insbesondere dann, wenn Sie spüren, dass Sie sich im Gespräch aufregen.
- »Fremdorientierte« sollten darauf achten, die Pausen kurz zu halten. Bei ihnen ist die Tendenz sehr groß, die Pausen auszuweiten, um zu hören, wie der andere reagiert. Gesprächspartner zeigen sich häufig ungeduldig.
- Manchen Menschen fällt es bei Vielrednern schwer, zu Wort zu kommen. Um Atem zu schöpfen muss jeder Mensch eine kurze Sprechpause einlegen. Dies ist ein günstiger Moment, um zu sprechen.
- Sicherheit ist auch daran erkennbar, dass jemand sich nicht unterbrechen lässt. Wenn man ein oder zweimal unterbrochen wird, dann ist dies nicht bedeutsam. Manche Menschen lassen sich aber ständig unterbrechen. Oder es passiert ihnen im Gespräch mehrfach, dass Sie Ihre Gedanken nicht bis zum Ende ausführen können. Bedenken Sie, dass man Ihr Sich-unterbrechen-lassen als unsicher interpretiert. Sie sollten den Gesprächspartner höflich darauf hinweisen, dass er Sie mehrfach unterbrochen hat, und ihn bitten, Sie ausreden zu lassen.

Modulation der Stimme

Auf die Stimmführung achten

Sicherheit und Unsicherheit in der Stimme drücken sich auch in der Stimmführung aus. Man kann zwei wesentliche Formen der Stimmführung unterscheiden, die jeder Mensch erlernt hat und beherrscht. Die erste Form der Stimmführung verwenden Sie normalerweise bei Aussagesätzen. Wenn Sie einen Aussagesatz formulieren, dann sinkt Ihre Stimme am Ende des Satzes. Probieren Sie das an folgendem Beispielsatz aus. Oberhalb des Satzes ist die Stimmführung sichtbar gemacht:

»Ich te le fo nie re ger ne.«

Die zweite Form der Stimmführung verwenden Sie normalerweise bei Fragen. Bei Fragen steigt die Stimme am Ende des Satzes an. Erleben Sie dies, indem Sie das folgende Beispiel laut sprechen:

»Ich te le fo nie re ger ne?«

Aussagesätze beschreiben, was ist. Es sind also Feststellungen. Fragen hingegen stellen einen Gegenstand zur Debatte.

Manche Menschen neigen aber dazu, Aussagen mit der Stimmführung einer Frage zu sprechen. Das hat zur Folge, das die Aussage keine Feststellung mehr ist, sondern – vereinfachend gesagt – den Inhalt zur Debatte stellt. Versuchen Sie einmal den Beispielsatz, der oben als Aussage gesprochen wurde, in Frageform zu sprechen, um den Unterschied in der Wirkung zu erleben:

»Ich te le fo nie re ger ne.«

Wenn Sie sich nun vorstellen, dass Sie am Telefon von einer Person beraten werden, die Ihnen Fakten oder technische Details inhaltlich korrekt, gut artikuliert und flüssig übermittelt, dabei aber immer wieder am Satzende die Stimme leicht anhebt, dann erhalten Sie zwei einander widersprechende Botschaften.

Auf der verbalen Ebene wird eine Aussage, nämlich fachliche Information gesendet, auf der nicht verbalen Ebene durch die Stimmführung aber eine Frage gestellt. Wie wir bereits bei den Axiomen der Telefonkommunikation erwähnten, reagieren Menschen stärker auf die nonverbalen Anteile der Kommunikation. Deshalb werden Sie höchstwahrscheinlich an der Kompetenz Ihres Telefonpartners zweifeln. Sie halten ihn wahrscheinlich für unsicher.

Sicherheit drückt sich also auch in der Stimmführung aus. Wenn Sie eine inhaltliche Aussage machen, dann wirken Sie sicher, wenn Sie die Stimmführung der Aussageform verwenden. Verwenden Sie hingegen bei Aussagen, Mitteilungen, Auskünften, Darstellungen, Argumentationen vielfach die Stimmführung der Frage, dann bewirken Sie beim Hörer Zweifel an der Sicherheit Ihrer Aussage.

In der Stimmführung die Aussageform verwenden

> **Übungen**
>
> *Gehörschulung*
>
> Schulen Sie Ihr Gehör, indem Sie bewusst hinhören. Dazu müssen Sie sich vom Inhalt des Gesprochenen lösen. Wenn Sie das nächste Mal fernsehen oder Radio hören, dann folgen Sie einmal der Stimmführung der sprechenden Person. Konzentrieren Sie sich nur auf die Stimmführung. Lassen Sie sich nicht vom Inhalt gefangen nehmen. Achten Sie einmal bei Nachrichtensprechern darauf, was sie seriös und glaubwürdig klingen lässt, bei Schauspielern, welche Emotionen Sie bei Ihnen erzeugen.
>
> *Nachsprechen*
>
> Wenn Sie allein fernsehen oder allein im Auto unterwegs sind, dann können Sie bewusst Sprecher imitieren. Bemühen Sie sich, die Stimmführung des Nachrichtensprechers, Kommentators oder Schauspielers so genau wie möglich zu kopieren. Spüren Sie ganz bewusst die Wirkung, die diese Art zu sprechen auf Sie hat.
>
> *Die eigene Modulation*
>
> Achten Sie einmal bei Ihren nächsten Telefonaten darauf, wie Sie Ihre eigene Stimme führen. Neigen Sie zur Frageform oder zur Aussageform? Modulieren Sie Aussagen in der Frageform? – Wenn Sie die Möglichkeit haben, Ihre Stimme aufzunehmen, dann können Sie diese Satz für Satz analysieren. Das verschafft Ihnen einen sehr genauen Eindruck, wie Sie sich in bestimmten Situationen am Telefon verhalten.

Verantwortungsbereit wirken

Da wir unseren Gesprächspartner am anderen Ende der Telefonleitung nicht sehen können, haben wir, aber auch der andere eine größere Anonymität. Je weniger man den Gesprächspartner persönlich kennt, desto geringer ist zunächst der persönliche Bezug zu ihm. Hinzu kommt, dass der Kontakt zum Gesprächspartner in einem Telefonat sehr »zerbrechlich« ist. Am Telefon unterliegen Sie in viel stärkerem Maße der Willkür der Technik und der Anonymität, hinter der sich jemand zurückziehen kann. Das Telefonat könnte jederzeit unterbrochen werden, häufig ohne zu wissen, ob und wie man wieder zu dem gelangt, mit dem man eben noch sprach. Es gibt weitere Unsicherheiten: Ist die Person, mit der ich gerade spreche, überhaupt zuständig oder kompetent, Entscheidungen zu treffen?

Die Anonymität beim Telefonieren ist höher als im direkten Gespräch

Damit soll verdeutlicht werden, dass das Bedürfnis nach Sicherheiten im Telefonat viel größer ist als bei realen Begegnungen. Denn in der Begegnung können Sie im wahrsten Sinne des Wortes »be-greifen«, wer was wo mit Ihnen bespricht. Im Telefonat – insbesondere im Erstkontakt – müssen diese entsprechenden Rahmenbedingungen erst hergestellt werden. Das ist der Grund, weshalb es für Ihre Gesprächspartner wichtig ist, begrüßt zu werden, zu erfahren, wer Sie sind, unter welcher Telefonnummer Sie zu erreichen sind, und ob Sie für das zu besprechende Thema überhaupt der adäquate Ansprechpartner sind.

Die Rahmenbedingungen schaffen

Für diese Aspekte ist man am Telefon in höchstem Maße sensibilisiert. Jeder hat schon erlebt, dass sich Menschen hinter der Anonymität des Telefons verstecken. Man kann sie nicht greifen, weil man später nicht mehr sagen kann, wer der andere war, oder weil keine schriftlichen Belege für das Gesprochene existieren.

Sie können viele Störungen im Gespräch vermeiden und gleichzeitig kompetent und selbstsicher wirken, wenn Sie die verborgenen Ängste und Zweifel Ihrer Gesprächspartner ausräumen, bevor sie entstehen. Beachten Sie dazu zwei Punkte:

- ❖ Nennen Sie den eigenen Namen und den Funktionsbereich.
- ❖ Vermeiden Sie Möglichkeitsformen – werden Sie konkret!

Nennen Sie den eigenen Namen und den Funktionsbereich

Eigentlich sollte man davon ausgehen, dass es selbstverständlich ist, wie man sich am Telefon meldet. Aber die Erfahrung zeigt immer wieder, dass einige Menschen das ein oder andere wesentliche Element der »normalen« Telefonbegrüßung am Telefon weglassen.

Gehen Sie von folgender Situation aus: Wenn Sie den Hörer abnehmen, um sich zu melden, dann ist Ihr Gesprächspartner am anderen Ende der Leitung immer zuerst mit einigen Fragen beschäftigt, auf die er eine Antwort braucht, bevor er sein Anliegen mit Ihnen besprechen kann. Beantwortet man diese Fragen gleich zu Beginn des Gesprächs – was sich dringend empfiehlt – schafft man die optimale Basis für ein gelungenes Gespräch. Versäumt man dies, dann erzeugt man Frustrationen beim Gesprächspartner, die je nach seiner Persönlichkeit mehr oder weniger gewichtig ausfallen.

Folgende Fragen beschäftigen jeden Anrufer zu Beginn des Gesprächs:

> *Bin ich mit der richtigen Firma verbunden?*
> *Habe ich mich vielleicht verwählt?*

Man weiß nie, wo man gelandet ist. Man könnte eine Nummer vertauscht haben, die Telefonnummer könnte sich geändert haben usw. Der Anrufer braucht also Sicherheit, dass er mit der Firma verbunden ist, mit der er sprechen möchte. Geben Sie ihm diese Sicherheit, indem Sie ihm sagen, mit welcher Firma er verbunden ist. Und bemühen Sie sich, den Namen der Firma deutlich auszusprechen.

Dem Anrufer Sicherheit geben

Es ist durchaus möglich, dass ein Kollege nur eine Rückrufnummer hinterlassen hat und der Anrufer nicht weiß, wohin diese Leitung führt. Ein solcher Anrufer will natürlich wissen, für welche Firma sein Ansprechpartner arbeitet.

> *»Sie sind mit der Firma Bünding, Serviceabteilung verbunden ...«*
> *»Hier ist die Hohenrein GmbH, die Kundenbetreuung ...«*
> *»Guten Tag, die Körfer AG, ...«*
> *»Zeitling GmbH & Co. KG, Telefonzentrale ...«*

Mit wem bin ich verbunden? Wer ist mein Gesprächspartner?

Wenn jemand ein Telefonat führt, dann hat er ein bestimmtes Anliegen. Dieses Anliegen will er mit dem richtigen Gesprächspartner abklären. Da Ihr Gesprächspartner Sie aber nicht sehen kann, weiß er nicht, ob Sie wirklich der richtige Ansprechpartner sind, oder nur die Urlaubsvertretung oder der Auszubildende. Bedenken Sie Folgendes: Es ist lästig und frustrierend, wenn man sein Anliegen mehrfach vortragen muss, bis man den richtigen Gesprächspartner erreicht hat. Wenn Sie Ihren Namen nennen, dann kann der Anrufer sich entscheiden.

Wenn man etwas Persönliches, Wichtiges, Sensibles, Folgenschweres zu besprechen hat, dann möchte man wissen, mit wem man spricht. Wenn Sie Ihren Namen nennen, dann erleichtern Sie Ihrem Gesprächspartner die Entscheidung, ob Sie der richtige Ansprechpartner sind. Wenn man weitervermittelt wird, ist der letzte Ansprechpartner, also Sie, oft Thema des kommenden Gesprächs. Wenn Sie Ihren Namen nennen, übernehmen Sie Verantwortung für die Weitervermittlung und machen sich zum Ansprechpartner.

Für viele Anrufer sind Sie der erste Mensch, der ein Produkt oder eine Firma repräsentiert. Wenn Sie Ihren Namen nennen, dann wird damit aus einer anonymen Firma ein lebendiger Ansprechpartner. Sprechen Sie Ihren Namen deutlich aus! Genießen Sie es, Ihren Namen zu nennen! Viele Menschen huschen über den eigenen Namen hinweg, als sei er verboten. Bedenken Sie: Sie kennen Ihren Namen, Ihre Gesprächspartner hören ihn vielleicht zum ersten Mal.

Die persönlichste Form, einen Gesprächskontakt aufzubauen, besteht darin, wenn man seinen Namen und seinen Vornamen nennt. Es hängt von Ihrer Arbeit und der Unternehmensphilosophie ab, ob Sie Ihren Vornamen nennen oder nicht. Wer mit sensiblen Themen oder schwierigen Anrufern zu tun hat, sollte aus Sicherheitsgründen auf die Nennung des Vornamens verzichten.

»... mein Name ist Maier ...«
»... Sie sprechen mit Herrn Maier ...«
»... Julius Maier ist mein Name ...«
»... Julius Maier ...«

Ist die Person, mit der ich spreche, kompetent?

Die Frage nach der Kompetenz des Gesprächspartners ist häufig schon dadurch geklärt, indem man erfährt, mit welchem Unternehmensbereich man verbunden ist. Auch wenn der Gesprächspartner mit Ihnen sprechen möchte, ist die Kompetenz- oder Zuständigkeitsfrage unmittelbar geklärt. Wenn Sie aber auf einem fremden Platz sitzen, oder die Leitung auf Ihren Apparat umgelegt wird, dann klären Sie die Situation sofort, wenn Sie die Kompetenzbereiche ansprechen.

Die Zuständigkeitsfrage klären

>»Sie sprechen mit der Vertretung von Herrn Maier ...«
>»... Ich bin der persönliche Referent von Herrn Maier ...«
>»... Dies ist der Anschluss von Herrn Maier. Mein Name ist Müller ...«

Bin ich erwünscht?

Im Grunde ist dies eine rhetorische Frage. Denn eigentlich erwartet jeder Anrufer, dass er erwünscht ist. Die Frage ist also, wie man einem Gesprächspartner dies vermitteln kann. Die Antwort ist sehr einfach: Man begrüßt den Anrufer, man erfragt sein Anliegen, und kümmert sich darum!

>»Herzlich willkommen ...«
>»Guten Tag/Morgen/Abend ...«
>»... Wie kann ich Ihnen Helfen? ...«
>»... Was darf ich für Sie tun? ...«

Es ist eine Frage des persönlichen Geschmacks oder der Firmenpolitik, in welcher Reihenfolge Sie die einzelnen Elemente anordnen und wie sie im Detail klingen sollen. Lesen Sie die Beispiele als Anregung, um Ihre persönliche Begrüßungsformel zu finden. Achten Sie bei der Anordnung der einzelnen Elemente darauf, dass es für Sie natürlich klingt. Stures Auswendiglernen verfehlt in der Regel die angestrebte positive Wirkung.

Lassen Sie sich bei der Zusammenstellung Ihrer Begrüßungsformel auch davon leiten, wie die Worte zusammen klingen. Manchmal lässt sich eine Begrüßungsformel leichter aussprechen, wenn man etwas umstellt oder einen Zusatz macht. Experimentieren Sie.

Vermeiden Sie Möglichkeitsformen – werden Sie konkret

Wenn Sie verantwortlich wirken möchten, sollten Sie unbedingt darauf achten, dass Sie vage Aussagen vermeiden. Folgende Aussagen lassen auch immer noch zu, dass genau das Gegenteil eintreten könnte. Vermeiden Sie sie deshalb:

»Da **könnte** Herr X für zuständig sein. Ich leite Sie mal weiter.«
»Ich kann Ihnen das **nicht genau** sagen.«
»Er wird **vermutlich** im Laufe des Tages bei Ihnen vorbeischauen.«
»Der Preis liegt in **etwa** bei xx Euro.«
»**Vielleicht** schaffe ich das heute noch.«
»**Möglicherweise** ist Herr X heute im Urlaub.«

Konjunktive möglichst vermeiden

Formulierungen wie diese, die häufig mit Konjunktiven gebildet werden, lassen dem Sprecher viele Optionen offen. Das ist verständlich, wenn der Sprecher tatsächlich keine konkretere Information geben kann. In einem solchen Fall fühlt man sich tatsächlich unsicher und wählt die Sprachform, die dies zum Ausdruck bringt. Viele Menschen wählen diese Form aber auch bei Aussagen, bei denen Sie als Alternative den Indikativ, die Wirklichkeitsform, wählen könnten. Diese lässt Sie aber entschiedener und sicherer wirken.

»Ich denke, Herr X ist in dieser Frage kompetent. Ich verbinde Sie sofort.«
»Er wird im Laufe des Tages bei Ihnen vorbeischauen.«
»Der Preis liegt zwischen x und y Euro.«

Bemerken Sie, dass auch bei diesen Beispielen keine konkretere Aussage getroffen wurde als bei den vergleichbaren Sätzen weiter oben. Allein die Umformulierung lässt den Sprecher aber entschiedener wirken.

Eine andere Möglichkeit, verbindlicher und bestimmter zu klingen, besteht darin, dass Sie Sätze und Formulierungen bewusst verlernen, die Sie unsicher wirken lassen. Achten Sie einmal auf folgende Sätze:

»Ich kann Ihnen das **nicht genau** sagen.«
»**Vielleicht** schaffe ich das heute noch.«
»**Möglicherweise** ist Herr X heute im Urlaub.«
»Ich würde Ihnen gerne besser helfen, aber ...«

Auf solche Sätze können und sollten Sie vollständig verzichten.

Kapitel 7
Positive Telefonrhetorik

Die meisten Menschen verwenden Sprache gewohnheitsmäßig. Sie machen sich kaum Gedanken über die Wirkung unterschiedlicher Worte und übersehen dabei einen Bereich, in dem viele Möglichkeiten liegen, Gespräche positiv zu beeinflussen. Bedenken Sie, dass Sie sich in ihren Worten selbst darstellen, und durch die Wahl ihrer Worte mehr oder weniger sympathisch wirken.

Die Wahl der Worte lenkt die Vorstellungen

Wenn Sie am Telefon beraten, informieren oder verkaufen, dann passiert aber noch mehr. Mit der Wahl der Worte lenken Sie auch die Vorstellungen und die Gefühle Ihres Gesprächspartners.

Große Redner haben das immer gewusst und auch genutzt. Viele Veränderungen sind durch mitreißende Reden inspiriert und initiiert worden. Herausragende Politiker, Meinungsführer und Wirtschaftsgrößen waren immer auch begnadete Meister des gesprochenen Wortes.

In einer Rede kann man daneben durch gezielten Einsatz von Gesten und die Art der Inszenierung zusätzliche Faktoren aufbieten, um die Wirkung auf die Zuhörer zu beeinflussen. Wenn Sie sich aber die besonderen Rahmenbedingungen am Telefon in Erinnerung rufen, dann wissen Sie, dass die Sprache und die Art und Weise, wie Sie sie einsetzen, die einzigen Mittel sind, mit denen Sie Ihre Vorstellungen anderen am Telefon übermitteln können. Das sollte Grund genug sein, die Telefonrhetorik in diesem Kapitel einmal gezielt unter die Lupe zu nehmen.

Ziel ist es, durch den bewussten Einsatz positiver Telefonrhetorik die Gefühle des Gesprächspartners bewusst so zu beeinflussen, dass Sie als Sprecher kundenorientiert, angenehm und unterstützend wirken. Gelingt dies, dann werden Sie Ihre Ideen auf eine bestmögliche Weise darstellen. Das Wort »positiv« soll also zum Ausdruck bringen, dass Sie Ihre Gesprächsziele besser und vor allem leichter erreichen.

Auf dem Weg dahin wird es erforderlich sein, einige Ihrer sprachlichen Gewohnheiten zu unterbrechen, die sich negativ auf den Gesprächsverlauf auswirken können. Wenn Sie den Erfolg erleben, der mit den Techniken aus diesem Kapitel erzielt werden kann, werden Sie dies gerne tun.

Sie lernen in diesem Kapitel kennen,

- ❖ wie man Optimismus und Zuversicht in der Sprache transportiert,
- ❖ wie Sie kundenorientiert und freundlich wirken,
- ❖ wie Sie Ihr Erfolgsvokabular gezielt aufbauen können.

Optimismus und Zuversicht

Ihre Grundhaltung spiegelt sich in Ihrer Wortwahl und der Art Ihrer Formulierungen wider. Eine positive Grundhaltung überträgt sich auf den Gesprächspartner. Deshalb ist die Verwendung positiver Worte auch ein wesentlicher Beitrag zur Begeisterung des Zuhörers. Dazu ein Beispiel:

Eine positive Grundhaltung steckt an

Sie telefonieren mit der Firma Fahrzeug-Hübner, um zu erfahren, wie es um die Bearbeitung Ihrer Bestellung steht. Der Sachbearbeiter antwortet Ihnen: »Tja, Moment mal, da muss ich erst nachsehen. Der Vorgang ist noch nicht bearbeitet worden. Dafür ist mein Kollege zuständig, ich kenne mich da leider nicht aus, und sonst ist keiner da. Der zuständige Kollege kommt aber erst nächste Woche wieder. Rufen Sie dann doch einfach noch einmal an.«

Hören Sie folgende Variante im Vergleich:

Der Sachbearbeiter antwortet Ihnen: »Moment, Herr Maier, ich prüfe das sofort für Sie ... Ihre Anfrage ist eingegangen. Meine Kollegin Frau Ritter kümmert sich um Ihre Bestellung. Sie ist am Montag wieder für Sie da. Darf ich ihr eine Nachricht hinterlassen, damit sie Sie zurückrufen kann?«

Prüfen Sie die Wirkung dieser beiden Beispiele auf sich selbst. Erkennen Sie die aufgeschlossenere und freundlichere Grundstimmung in der zweiten Variante? – Diese Wirkung können auch Sie erzielen, wenn Sie auf den Einsatz folgender Worte achten:

- »Nicht«
- »Kein« – »Keine«
- »Der Nachteil ist ...«
- »Leider«

»Nicht«

Nehmen Sie sich zunächst für folgende Übung eine Minute Zeit.

> **Übung**
>
> Die Aufgabe lautet: »Denken Sie in der folgenden Minute **nicht** an ein rotes Telefon.«

Konnten Sie bemerken, was in diesem Fall passiert? Sie beginnen bei dieser Anweisung ganz automatisch, sich ein rotes Telefon vorzustellen. Und es wird Ihnen wahrscheinlich auch nicht gelungen sein, in dieser Minute an etwas anderes zu denken als an das rote Telefon. Das geschieht, obwohl die Übungsanweisung genau das Gegenteil dessen bewirken sollte.

Unser Gehirn scheint so konstruiert zu sein, dass es Verneinungen abbilden muss. Damit stellt es genau das dar, was in der Verneinung angesprochen wird und eigentlich vermieden werden soll.

Das hat wichtige Konsequenzen für Ihre Kommunikation. Denken Sie beispielsweise an einen so gebräuchlichen Satz wie »Verstehen Sie mich nicht falsch«. Auch hier wird beim Zuhörer gerade das Gegenteil dessen erreicht, was man eigentlich möchte: Die Gedanken des Zuhörers werden nämlich zunächst darauf gelenkt, den Gesprächspartner falsch zu verstehen. Sie wollen in der Regel aber das Gegenteil erreichen, nämlich dass der Zuhörer Sie richtig versteht.

Sätze, in denen das »nicht« enthalten ist, lenken die Gedanken aber immer auf das, was man vermeiden möchte. Für unseren Beispielsatz liegt die Alternative auf der Hand. Statt zu sagen »Bitte verstehen Sie mich nicht falsch.«, könnten Sie sich angewöhnen, zu sagen, »Bitte verstehen Sie mich richtig.« Sagen Sie die beiden Sätze einmal laut nacheinander und vergleichen Sie auch hier die unterschiedliche Wirkung. Sie werden feststellen, dass die positive Formulierung eine weitaus angenehmere Grundstimmung hervorruft.

Trainieren Sie deshalb bewusst, das zum Ausdruck zu bringen, was Sie wollen, statt zu sagen, was Sie nicht wollen. Das können Sie mit den folgenden Beispielsätzen trainieren.

Übung

Formulieren Sie nun die folgenden Sätze um in Sätze mit einer positiven Aussage:

Das *kostet* Sie *nichts* zusätzlich.

....

Ich will jetzt *nicht* mit Ihnen debattieren.

....

Wir sollten jetzt *nicht* näher darauf eingehen.

....

Ich spreche hier *nicht* von grünen Autos, sondern von roten Autos.

....

Wir wollen *nicht*, dass Sie sich hier unwohl fühlen.

....

Wir wollen *nicht* über die Konkurrenz schimpfen.

....

Sie sollen *nicht* denken, dass das bei uns üblich ist.

....

»Kein« – »Keine«

Die Formulierungen »kein« und »keine« steuern das Denken des Zuhörers in ähnlich ungünstiger Weise wie das Wort »nicht«. Auch sie lenken die Aufmerksamkeit des Zuhörers weg von dem, was Sie eigentlich sagen möchten. Stattdessen eröffnen Sie ein Thema, das Sie eigentlich vermeiden wollten. Folgende Beispielsätze veranschaulichen das:

*Ich brauche **keine** weiteren Daten mehr.*
Stattdessen: Damit habe ich alle Daten.
*Mit diesem Ersatzdokument müssen Sie **sich keine** Sorgen machen.*
Stattdessen: Mit diesem Ersatzdokument werden Sie ganz zufrieden sein.
*Sie haben jetzt **keine** langen Wartezeiten mehr.*
Stattdessen: Die Wartezeiten sind jetzt sehr kurz.

Übung

Üben Sie nun selbst an den folgenden Beispielsätzen, »kein« oder »keine« zu ersetzen. Überlegen Sie dazu immer zunächst, was Sie eigentlich sagen möchten.

Wir haben keine weiteren Termine am Montag mehr frei.

....

Ich kann Ihnen keine genaue Zusage machen.

....

Ich sehe keine weitere Möglichkeit, etwas zu machen.

....

Ich habe im Moment keine näheren Informationen.

....

Können Sie mit keine genauere Information geben?

....

»Der Nachteil ist ...«

Der Nachteil ist, dass Sie erst einmal etwas Zeit verlieren, wenn Sie diesen Absatz lesen. – Dadurch, dass dieser Abschnitt diesem Satz eingeleitet wird, werden Ihre Gedanken von den Vorteilen, die mit dem Lesen verbunden sind, abgelenkt. Ihre Motivation, diesen Absatz zu lesen, steigt dadurch kaum, sondern sinkt wahrscheinlich.

Der Vorteil, dass dieser Absatz mit dem passenden Beispielsatz beginnt, liegt darin, dass Sie unmittelbar die Wirkung erleben, die die Formulierung »Der Nachteil ist« auf Sie als Leser hat. In der Regel kann man die Wirkung einer Aussage allein dadurch positiver gestalten, indem man vermeidet, auf Nachteile hinzuweisen. Das fällt Ihnen leichter, wenn Ihre eigene Orientierung auf die Vorteile gerichtet ist.

Manchmal spricht man Nachteile auch direkt aus, also ohne die konkrete Formulierung »der Nachteil ist« zu verwenden. Formulierungen wie »nur« oder »aber« sind dann meist Signalwörter, die hörbar machen, dass es sich um Aspekte handelt, die der Sprecher für unvorteilhaft hält.

> »Das Modell ist im Moment nur in dunklen Farben erhältlich.«
> »Ich kann Ihnen das aber nicht sofort mitgeben.«

In Ihren Telefonaten haben diese Varianten alle eine vergleichbare Wirkung. Sie sprechen den Zuhörer nicht positiv an, sondern sie motivieren ihn eher zum Widerspruch. Dazu ebenfalls einige Beispiele, an denen Sie die Wirkung prüfen können:

> »Der Nachteil ist, dass wir dieses Modell erst nächste Woche liefern können.« *Stattdessen*: »Wir können dieses Modell trotz der großen Nachfrage schon nächste Woche liefern.«
> »Es ist vielleicht ein kleiner Nachteil, dass wir hier keine Abzüge machen können.« *Stattdessen*: Sagen Sie besser gar nichts.
> »Ich kann diese Reservierung aber nur bis zum Freitag halten.« *Stattdessen*: »Ich werde diese Reservierung in jedem Fall bis zum Freitag für Sie halten.«
> »Frau Schulz ist aber nur bis um 13.00 Uhr erreichbar.« *Stattdessen*: » Sie können Frau Schulz bis um 13.00 Uhr erreichen.«
> »Ich kann allerdings nur Herrn Müller erreichen.« *Stattdessen*: »Ich kann seinen Kollegen Herr Müller erreichen. Er wird Ihnen weiterhelfen.«

Vermeiden Sie also, von Nachteilen zu sprechen. Lenken Sie stattdessen die Aufmerksamkeit auf wünschenswerte Aspekte. Dazu gibt es drei Möglichkeiten:

- ❖ Umgehen Sie das Thema.
- ❖ Streichen Sie die Formulierung »Der Nachteil ist« aus Ihrem Vokabular.
- ❖ Sprechen Sie bewusst von den Vorteilen.

Erinnern Sie sich im Alltag immer wieder daran, Ihre eigenen Gedanken bewusst auf die Vorteile dessen zu lenken, was Sie mitteilen möchten. Bedenken Sie, dass bei jedem Nachteil immer auch Vorteile zu entdecken sind. Solche Vorteile liegen nicht immer unmittelbar auf der Hand. Umso überraschender wirken Sie im Telefonat auf Ihren Gesprächspartner, wenn Sie plötzlich einen Aspekt einbringen, den auch er bislang nicht beachtet hat.

»Leider«

Das Wort »leider« drückt ein Bedauern aus. Wenn dieses Bedauern angebracht ist, wirkt es wie ein freundlicher Zusatz, mit dem Sie Ihrem Gesprächspartner Ihr Einfühlungsvermögen demonstrieren. Beispiele sind folgende Sätze:

»Herr Kunze wird leider erst in einer Stunde bei Ihnen eintreffen.«
»Frau Krüger ist im Moment leider in einem Gespräch am anderen Apparat.«
»Heute Abend werde ich Frau Schulz leider nicht mehr erreichen.«

In den hier geschilderten Situationen ist es sinnvoll, durch das »leider« Einfühlung und Bedauern auszudrücken. Vielfach benutzt man dieses Wort aber an Stellen, an denen ein Bedauern gar nicht angebracht ist. Wenn Sie beispielsweise sagen: »Das kostet leider DM 50,-.«, klingt das wie ein ungewolltes Bedauern über die Höhe des Preises. Das verunsichert den Zuhörer. Es entsteht der Eindruck, der Preis ist nicht gerechtfertigt. Nachfragen und vermeidbare Diskussionen folgen. Aussagen, in denen klare und unverrückbare Sachinformationen übermittelt werden, entfalten ihre beste Wirkung, wenn Einschränkungen, wie sie im »leider« anklingen, vermieden werden. Sie geben damit Ihren Aussagen ein größeres Gewicht und eine glaubhaftere Note.

Lesen Sie die folgenden Beispielsätze. Streichen Sie dann bei einem zweiten Lesen einfach das Wort »leider« und überprüfen Sie, wie die Sicherheit, die in den jeweiligen Sätzen zum Ausdruck kommt, dadurch unmittelbar ansteigt.

»Da muss ich Sie leider weiterverbinden.«
»Da bräuchte ich leider noch einige zusätzliche Informationen.«
»Die monatliche Gebühr bei dieser Variante beträgt leider DM 10,- mehr.«

Kundenorientiert und freundlich wirken

Oft sind es Kleinigkeiten, die bewirken, dass ein Gesprächspartner Sie am Telefon sympathisch findet. Ein einfaches »bitte«, eine höfliche Begrüßung sind der Schlüssel zum Gesprächspartner. Bauen Sie eine Brücke zum Gesprächspartner, indem Sie bewusst freundlich sind. Dazu können Sie die Vorschläge in diesem Kapitelabschnitt nutzen. – Übernehmen Sie die Beispielformulierungen aber nur, wenn Sie beim Sprechen feststellen, dass sie natürlich klingen, wenn Sie sie selbst sprechen. Ist dies nicht der Fall, dann verändern Sie diese in Ihrem Sinn. Manchmal genügt es, ein Wort zu verändern oder umzustellen.

Eine Brücke zum Gesprächspartner bauen

Wenn Sie formelhaft und gegen Ihre Natur »Freundlichkeit spielen«, dann verfehlt dies meist die gewünschte Wirkung. Die Gesprächspartner merken, dass es nur angelernt ist, aber nicht wirklich von Herzen kommt. Wählen Sie deshalb nur diejenigen Formeln aus, die Sie wirklich ehrlich meinen.

Sprechen Sie Ihren Gesprächspartner mit Namen an

Wenn sie Ihren Gesprächspartner mit Namen ansprechen, dann bauen Sie einen unmittelbaren persönlichen Kontakt auf. Deshalb empfiehlt es sich auch, grundsätzlich bei jedem Telefonat den Namen des Gesprächspartners zu notieren, damit Sie ihn während des Gesprächs einfließen lassen können. Wenn Sie den Namen nicht richtig verstanden haben, dann fragen Sie am besten sofort nach. Damit verhindern Sie, dass Sie zu einem späteren Zeitpunkt im Gespräch noch einmal verschämt auf dieses Thema zurückkommen müssen.

Den Namen als Türöffner einsetzen

Einige Menschen nehmen es mit der direkten Ansprache des Gesprächspartners etwas zu genau. In jedem zweiten Satz versuchen sie ein »Ja, Herr/Frau Schröder« einzuflechten, oder beginnen den Satz mit »Herr/Frau Schröder ...«.

Wahrscheinlich wissen Sie aber aus eigener Erfahrung, dass dann der angenehme Effekt, mit Namen angesprochen zu werden, sehr rasch verspielt ist. Deshalb: Halten Sie Maß! Lassen Sie den Namen des Gesprächspartners nur ab und an und nach Gefühl einfließen.

Loben Sie Ihren Gesprächspartner!

Es gibt in jedem Gespräch die Möglichkeit, etwas zu finden, was Sie an der Person oder an seinem Verhalten, seinen Äußerungen lobend erwähnen können. Ein Lob schmeichelt dem Gesprächspartner und wird immer gern gehört. Es weckt Sympathien, denn es demonstriert, dass Sie Ihre Aufmerksamkeit auf Stärken und Kompetenzen richten. Das ist etwas, was die meisten Menschen in ihrem Arbeitsumfeld selten erleben, sich aber wünschen.

Achten Sie deshalb schon während des Gesprächs darauf, was Ihnen angenehm auffällt, und machen Sie sich vielleicht Notizen. Wenn es sich anbietet, dann können Sie im Laufe des Telefonats auf den entsprechenden Aspekt eingehen.

»Vielen Dank für die nette Beratung.«
»Sie beschreiben das sehr gut.«
»Ich freue mich, dass Sie sich Zeit für mich genommen haben.«
»Es ist beruhigend, dass Sie sich da genau auskennen.«
»Es ist angenehm, so kompetent beraten zu werden, dankeschön.«
»Ich merke, Sie fragen sehr gezielt. Das gefällt mir.«

Bitten Sie und bedanken Sie sich!

Lob und Dank weckt Sympathien

Sie erreichen bei Ihrem Gesprächspartner viel mehr, wenn Sie höflich um etwas bitten, anstatt es wie selbstverständlich zu fordern. Ein Bitteschön ist wie ein Schlüssel, mit dem Sie den Gesprächspartner für Ihr Anliegen öffen. Auch, und gerade dann, wenn Sie formal in der Lage wären, etwas zu fordern, zeigt ein höfliches »Bitte« oder eine Frage anstelle einer Aussage den Respekt vor dem Gesprächspartner.

Nachdem Sie um etwas gebeten und eine Antwort erhalten haben, bietet es sich an, mit einem kurzen »Dankeschön«, »Vielen Dank« oder »Sehr gut« zu reagieren. So etwas können Sie zum Beispiel dann anbringen, wenn Sie kurz zuvor nach der Kunden- oder Rechnungsnummer gefragt oder um eine ausführlichere Information gebeten haben.

Besser: »Würde es Ihnen etwas ausmachen, Herrn Linkemann direkt anzusprechen?«
Statt: »Sprechen Sie am besten gleich mit Herrn Linkemann.«

Besser: »Können Sie mir bitte Ihre Kundennummer nennen, wenn Sie sie griffbereit haben?«
Statt: »Haben Sie die Kundennummer da?«
Besser: »Darf ich bitte Herrn Bangert sprechen?«
Statt: »Kann ich Herrn Bangert sprechen?«
Besser: »Vielen Dank für Ihren Anruf.«
Statt: »Auf Wiederhören.«

Beachten Sie, dass es einen Unterschied zwischen Unterwürfigkeit und Höflichkeit gibt. Unterwürfigkeit würde bedeuten, dass man zu allem, was der Gesprächspartner sagt oder fordert »Ja« sagen würde. Hier geht es jedoch um Höflichkeit. Sie bezieht sich auf die Form, wie man etwas sagt, nämlich in einer Form, die für das Ohr des anderen ansprechend ist. Gegebenenfalls kann man auch höflich etwas ablehnen.

Schließen Sie mit etwas Angenehmem ab!

Beenden Sie das Gespräch mit einem Resümee, indem Sie noch einmal zusammenfassen, was Sie Interessantes, Wichtiges oder Angenehmes in diesem Gespräch erlebt haben. Verabschieden Sie sich erst dann von Ihrem Gesprächspartner. Damit lenken Sie die Gedanken des Gesprächspartners zum Ende noch einmal auf die positiven Aspekte, die Ihnen wichtig waren. Versuchen Sie, das Gespräch mit einem positiven Gefühl zu beenden, wann immer dies möglich ist.

Anfang und Ende des Gesprächs sind in der Erinnerung Ihrer Gesprächspartner entscheidender als der Mittelteil. Sie prägen das Urteil des anderen weit mehr.

Anfang und Ende sind entscheidend

> *»Also Herr Wilkening, wie wir das jetzt vereinbart haben, ist mein Eindruck, dass das eine runde Sache ist.«*
> *»Aus meiner Sicht haben wir damit den Rahmen abgesteckt, Herr Wilkening. Ich freue mich auf das nächste Gespräch, wo es dann um die Details geht.«*
> *»Und ich wünsche Ihnen gute Erholung im Urlaub. Genießen Sie Ihre Wanderungen.«*
> *»Ich möchte noch einmal betonen: Ich freue mich, dass Ihnen die Ausfertigungen soweit zusagen. Dann kann es ja nächste Woche gleich losgehen.«*

Greifen Sie persönliche Anmerkungen auf!

In vielen Gesprächen erfahren Sie etwas über die persönlichen Gedanken, die Ihren Gesprächspartner beschäftigen. Das können private oder berufliche Sorgen und Hoffnungen sein. Wenn jemand beispielsweise gerade ein Geschäft neu gegründet hat, wird er hoffen, dass es erfolgreich anläuft, oder wenn jemand sich ein neues Gerät gekauft hat, wird er möglicherweise ganz neugierig sein, es sofort auszuprobieren.

In geschäftlichen Telefonaten geht es um andere Themen, und diese persönlichen Gefühle klingen häufig nur kurz an, auch oder gerade weil sie so persönlich sind. Aufmerksame Zuhörer sind sensibel für diese Gesprächsanteile. Wenn man sie wahrnimmt und einfühlsam auf sie eingeht, zeigt man dem Gesprächspartner sehr gut, dass man ihm aufmerksam zuhört.

Das Ende des Telefonats bietet sich dazu besonders an. Beachten Sie unbedingt, dass Sie positiv orientiert sind, also Hoffnungen bestärken und bei Sorgen Mut machen.

»*Und bei der Anwendung des Gerätes wünsche ich Ihnen viel Freude.*«
»*Ich wünsche Ihnen viel Erfolg beim Geschäftsstart.*«
»*Sie klingen doch jetzt schon viel zuversichtlicher. Da sind Sie auf dem richtigen Weg.*«

Positiv assoziierte Begriffe verwenden

Begriffe wecken immer Assoziationen, die wiederum mit Gefühlen verbunden sind. Faszinierend ist, dass zwei inhaltlich bedeutungsgleiche Begriffe vollkommen unterschiedliche Assoziationen und Gefühle wecken können. Eine Tatsache, die geschickte Rhetoren für sich nutzen. Vergleichen Sie etwa die Wirkung des Begriffs »Kosten« mit der Wirkung des Begriffs »Investition«. »Kosten« sind assoziiert mit dem Verlust von Geld, was kaum positive Gefühle auslöst. »Investition« hingegen weckt Assoziationen von langfristiger Geldanlage, was angenehme Gefühle von Sicherheit auslöst.

Begriffe bewusst auswählen und einsetzen

Überprüfen Sie Ihr Standardvokabular auf Begriffsassoziationen. In all den Bereichen, in denen Sie immer wieder mit Einwänden Ihrer Gesprächspartner rechnen müssen, lohnt es sich besonders, verbrauchte und negativ besetzte Begriffe des persönlichen Wortschatzes durch positiv besetzte Begriffe zu ersetzen. Auf diese Weise vermeiden Sie viele Einwände allein durch Ihre Wortwahl und bewirken eine erheblich positivere Grundstimmung beim Gesprächspartner.

Standardbegriffe	Positive Begriffe
Zuständig sein	Experte sein
Nachfragen	Interesse
Kollege	Experte, Spezialist
Akte	Unterlage
Ärger	Interesse
Einwand	Frage
Vertrag	Vereinbarung
Schwierigkeit	Herausforderung, entscheidender Punkt
Kaufen	Erwerben, investieren
Ich muss …	Ich werde …
Reklamation, Beschwerde	Anfrage
Schwierigkeiten haben	Konzentriert sein auf …
Frist	Termin
Problem	Chance
Kritik	Kommentar

> **Übungen**
>
> *Persönliches Wörterbuch*
>
> Für diese Übung ist es hilfreich, wenn Sie ein etymologisches Wörterbuch zur Hand haben. Falls Sie keins besitzen, können Sie alternativ dazu Ihre kreativen Anteile aktivieren.
>
> Sammeln Sie zunächst Formulierungen, die Sie in Ihren Gesprächen häufig verwenden. Lassen Sie sich dabei von der Liste inspirieren, die wir Ihnen oben vorgestellt haben. Wählen Sie dann aus Ihrer Sammlung die Begriffe aus, die eher fad, langweilig oder negativ wirken. Suchen Sie nun nach positiver klingenden Begriffsalternativen. Notieren Sie Ihr Arbeitsergebnis und hängen Sie es in die Nähe Ihres Telefons. Üben Sie die neuen Begriffe ein.
>
> *Zeitung querlesen*
>
> Wenn Sie das nächste Mal Zeitung lesen, dann achten Sie auf die dort verwendete Wortwahl. Überlesen Sie den Inhalt und beachten Sie zentrale Schlagworte, die die Autoren verwenden. Suchen Sie gezielt nach Wortkreationen und bedenken Sie die Wirkung, die beim Leser erzielt wird. Spricht man von »Nullwachstum« oder »Verlusten«, von »Tarifkampf« oder »Tarifverhandlung«? Beachten Sie die Wirkungen.

In diesem Kapitel haben Sie viele schwierige Techniken kennen gelernt. Der Nachteil ist, dass Sie höchstwahrscheinlich etwas Zeit mitbringen und mehrere Fehlschläge einstecken müssen, bis Sie sie beherrschen. Leider halten viele nicht solange durch und geben auf, bevor sie die ersten Erfolge haben. Für diese Personen lohnt die Mühe des Lernens natürlich nicht.

Na? Ist es Ihnen aufgefallen? Toll, wenn Sie gemerkt haben, dass der letzte Absatz vollständig auf positive Rhetorik verzichtet hat. Dieses Kapitel muss natürlich ganz anders enden. Hören Sie, wie man es auch sagen könnte:

Erfolg ist auch eine Frage der Zeit

In diesem Kapitel haben Sie einige neue Techniken kennen gelernt. Sie werden die Vorteile schon nach einiger Übung erleben. Lassen Sie sich von den ersten Versuchen, in denen Sie merken, was Sie noch verbessern können, ermutigen, weiterzumachen. Erfolg ist auch eine Frage der Zeit. Wenn Sie sich für einige Tage auf einen bestimmten Punkt dieses Kapitels konzentrieren, stellen sich die ersten Erfolge rasch ein. Die positiven Rückmeldungen Ihrer Gesprächspartner werden ein Lohn für Ihren Einsatz sein.

Kapitel 8
Arbeitsmethoden und Arbeitsplatzgestaltung

Telefonzeiten organisieren

Personen, die viel telefonieren müssen, erarbeiten sich mit zunehmender Berufserfahrung Strategien, um die Vorteile des Telefonierens optimal auszuschöpfen. Diese Strategien lernen Sie nun in diesem Kapitel kennen. Folgende drei Bereiche sollten Sie beachten:

- Organisieren Sie Ihre Telefonzeiten besser als bisher!
- Organisieren Sie Ihre Telefonate besser als bisher!
- Organisieren Sie eine bessere Zusammenarbeit mit Kollegen!

Wir beginnen nun mit »Telefonzeiten organisieren«. Wahrscheinlich müssen Sie neben den Telefonaten noch weitere Arbeiten an Ihrem Arbeitsplatz erledigen. Beispielsweise erfordern Ihre Telefonate Vorarbeiten oder bringen Nacharbeiten mit sich. Viele dieser Arbeiten fordern Ihre volle Konzentrationsfähigkeit. Unterbrechungen durch weitere Telefonate verursachen dann Stress und Unzufriedenheit, weil Sie sich immer wieder umstellen müssen und dadurch weit mehr Zeit für diese Aufgaben benötigen, als eigentlich erforderlich wäre. Dies kann man durch gezielte Maßnahmen deutlich entschärfen.

Unterbrechungen können Stress verursachen

»Anrufstunde« einrichten

Sammeln Sie Anrufe, die Sie tätigen müssen, und arbeiten Sie diese dann komprimiert nacheinander ab. Richten Sie sich dazu eine »Anrufstunde« als fest terminierte Zeiteinheit ein, die Sie gezielt und ausschließlich diesen Telefonaten widmen. Koordinieren Sie bei der Planung Ihren eigenen Biorhythmus mit der Frage der Erreichbarkeit Ihrer Ansprechpartner. In der Zeit nach dem Mittagessen beispielsweise sinkt der Biorhythmus der meisten Menschen drastisch ab. Verfolgen Sie Ihre Leistungsfähigkeit über den Tag hinweg, um sagen zu können, wann bei Ihnen dieses Tief erreicht und wann es überwunden ist. Diese Phase ist natürlich für konzentriertes Arbeiten ungeeignet. Telefonate bieten sich in dieser Zeit an. Vielfach wirken sie sogar aktivierender als die rituelle Tasse Kaffee nach dem Essen.

Anrufe koordinieren

Natürlich spielt in die Platzierung der »Anrufstunde« auch hinein, wann Ihre Gesprächspartner erreichbar sind. Bedenken Sie, ob dieser Aspekt bei Ihnen eine Rolle spielt und berücksichtigt werden muss.

Telefonate, die nicht von außerordentlicher Dringlichkeit sind, kann man außerdem auf Wiedervorlage in einer entsprechenden Liste halten, in der man die Telefonate sammelt.

Bereiten Sie Ihre »Anrufstunde« vor, indem Sie die für die Telefonate erforderlichen Materialien sowie Utensilien für Notizen bereitlegen. Das spart Ihnen und Ihren Gesprächspartnern Zeit und Geld und man merkt, dass Sie gut organisiert sind. Beginnen Sie mit den kurzen und leichten Telefonaten, um sich »anzuwärmen«. Und legen Sie die Gespräche mit den Vielrednern an den Beginn. Weil Sie wissen, wen Sie noch im Laufe dieser Stunde anrufen möchten, werden Sie sich kürzer fassen.

»Anrufstunde« sorgfältig vorbereiten

Gezieltes Rückrufmanagement

Sie kennen die folgenden Situationen:

- ❖ Es passiert häufig, dass man auf einem Anrufbeantworter die Bitte um Rückruf hinterlässt.
- ❖ Sie sprechen mit einem Kollegen des Ansprechpartners und vereinbaren, dass dieser die Bitte um Rückruf weitergibt.
- ❖ Sie senden einen Brief, E-Mail oder ein Fax, in dem Sie um einen Rückruf bitten.
- ❖ Sie vereinbaren während eines Gesprächs einen Rückruf zu einem anderen Zeitpunkt.

In all diesen Situationen übersehen viele Menschen die Möglichkeit, gezieltes Rückrufmanagement zu betreiben, also gleich zu vereinbaren, wann der Rückruf des Gesprächspartners am günstigsten ist. Überlegen Sie sich also bereits vor Ihren Telefonaten, wann Ihnen Rückrufe am gelegensten sind. So haben Sie die gesamte Woche im Blick und nicht nur die nächsten zwei Tage. Verfahren Sie dann wie bei der »Anrufstunde« und legen Sie eine »Rückrufstunde« oder »Rückrufnachmittage« ein. Gegebenenfalls können Sie auch »Anrufstunde« und »Rückrufstunde« miteinander verbinden.

Auch Rückrufe lassen sich gezielt organisieren

Die Rückrufphasen, die Sie Ihren Gesprächspartnern nennen, können Sie zudem mit Routinearbeiten füllen. So erledigen Sie in der Zeit zwischen den einzelnen Anrufen sinnvolle Kleinigkeiten.

Auszeiten einplanen

Wenn Sie Phasen benötigen, in denen Sie sich konzentriert und ausschließlich einer bestimmten Aufgabe widmen möchten, möglichst ohne unterbrochen zu werden, dann schaffen Sie sich diese Zeit. Nehmen Sie sich eine Auszeit von einer halben bis einer Stunde, in der Sie das Telefon ausschalten.

Ein besetztes Telefon zeigt an, dass Sie am Arbeitsplatz, aber beschäftigt sind. Ihre Anrufer werden es mit Sicherheit später noch einmal probieren. Vielleicht ist das aber gar nicht nötig. Denn Sie können Ihre Auszeit ja möglicherweise mit Ihren Kollegen koordinieren, sodass alle Anrufe entgegengenommen werden können und jeder einmal Zeit hat, ungestört andere Arbeiten zu beenden.

Natürlich können Sie dabei auch berücksichtigen, wann die Frequenz der eingehenden Anrufe ohnehin vergleichsweise gering ist, und sich genau in diesen Phasen mit dem Aufarbeiten des Schriftverkehrs beschäftigen. Binden Sie dabei auch Ihre Vorgesetzten ein. In der Regel kann man davon ausgehen, dass diese Verständnis für diese Maßnahmen haben und sie unterstützen.

Telefonate organisieren

Das Telefon-Anrufbuch

Vielleicht kennen Sie die folgende Situation:

Sie sind gerade mit einer Arbeit beschäftigt, plötzlich fällt Ihnen ein, Sie müssen noch bei Herrn oder Frau X wegen einer bestimmten Sache anrufen. Aus Erfahrung wissen Sie, wenn Sie nicht sofort reagieren, oder warten, bis Herr oder Frau X Sie anruft, haben Sie diesen Anlass vielleicht vergessen. Deshalb erledigen Sie das Telefonat sofort. So haben Sie aber die Arbeit unterbrochen, mit der Sie eigentlich beschäftigt waren.

Wenn Sie dann nach dem Telefonat weitermachen, dann müssen Sie sich erst wieder neu darauf einstellen. Die Arbeit beansprucht so mehr Zeit, als eigentlich erforderlich wäre.

Unter Umständen bleibt die Arbeit sogar liegen, weil das Telefonat plötzlich neue und unerwartete Bedingungen geschaffen hat, auf die Sie unmittelbar reagieren möchten.

Solche Situationen lassen sich vermeiden, wenn Sie nicht jedem Impuls zum Telefonieren nachgeben. Das setzt aber voraus, dass Sie sicher sein können, dass die Telefonate, die Sie noch führen wollen, nicht verloren gehen. Ein Telefon-Anrufbuch gibt Ihnen diese Sicherheit. Das kann ein Heft sein, eine Kladde oder ein Ringbuch mit entnehmbaren Blättern, in der Sie Anrufe, die Sie noch tätigen wollen, speichern. Für Personen, die Sie immer wieder sprechen, richten Sie eigene Seiten ein.

Nicht jedem Impuls zum Telefonieren nachgeben!

Wenn Ihnen nun, während Sie mit anderen Aufgaben beschäftigt sind, oder wenn Sie mit anderen Personen sprechen, einfällt, was Sie bei der nächsten Gelegenheit mit den entsprechenden Personen klären möchten, dann machen Sie eine Notiz an der entsprechenden Stelle Ihres Telefon-Anrufbuchs.

Auf diese Weise sammeln Sie geordnet die Themen, die Sie mit den jeweiligen Personen besprechen müssen. Das schafft nicht nur Ordnung, sondern entlastet Ihr Gedächtnis und gibt Ihnen Gelassenheit. Wenn Sie dann zu einem späteren Zeitpunkt mit der Person telefonieren, dann können Sie mit einem Blick in Ihr Anrufbuch rasch erkennen, was noch zu klären ist.

Interessanterweise bietet dieses Buch noch andere Vorteile:

- Sie sparen damit Telefonkosten. Wenn Sie während eines Anrufs Ihres Gesprächspartners in Ihrem Telefon-Anrufbuch nachschlagen, können Sie gleich auch die notierten Themen ansprechen. So sparen Sie den einen oder anderen Anruf.
- Sie werden feststellen, dass sich viele Telefonate von selbst erledigen, wenn man ein paar Tage wartet und nicht unmittelbar aus einem Impuls heraus handelt. Denn vieles, was im ersten Moment wichtig und dringlich erscheint, verblasst schon nach kurzer Zeit oder regelt sich manchmal ganz von selbst.
- Häufig erhält man zufällig Informationen, zum Beispiel beim Lesen der Tagespresse oder von Fachzeitungen, die für Personen, mit denen man nur ab und an telefoniert, wichtig sein könnten. Solche Informationen kann man auch hervorragend sammeln und bei passender Gelegenheit weitergeben.

Mindmap als Notizsystem

Sie sollten es sich zur Angewohnheit machen, einen Notizblock und einen Stift neben dem Telefon bereitliegen zu haben. Gehen sie großzügig mit dem Papier um und verwenden Sie für jeden Anruf ein eigenes Blatt. Damit vermeiden Sie künstlerisch wertvolle Collagen, die später nicht mehr eindeutig zuordenbar sind. Außerdem können Sie die Notizen, die Sie sich während des Gesprächs machen, gegebenenfalls auch an passender Stelle ablegen.

Die meisten Menschen fertigen Notizen eines Telefonats meist in linearer Form an. Dabei geht rasch der Überblick verloren, insbesondere, wenn die Telefonate länger werden. Eine grafische Form der Darstellung bietet demgegenüber mehrere Vorteile.

Das Mindmap, so wie wir es auf der nebenstehenden Seite zeigen, ist ein Beispiel dafür.

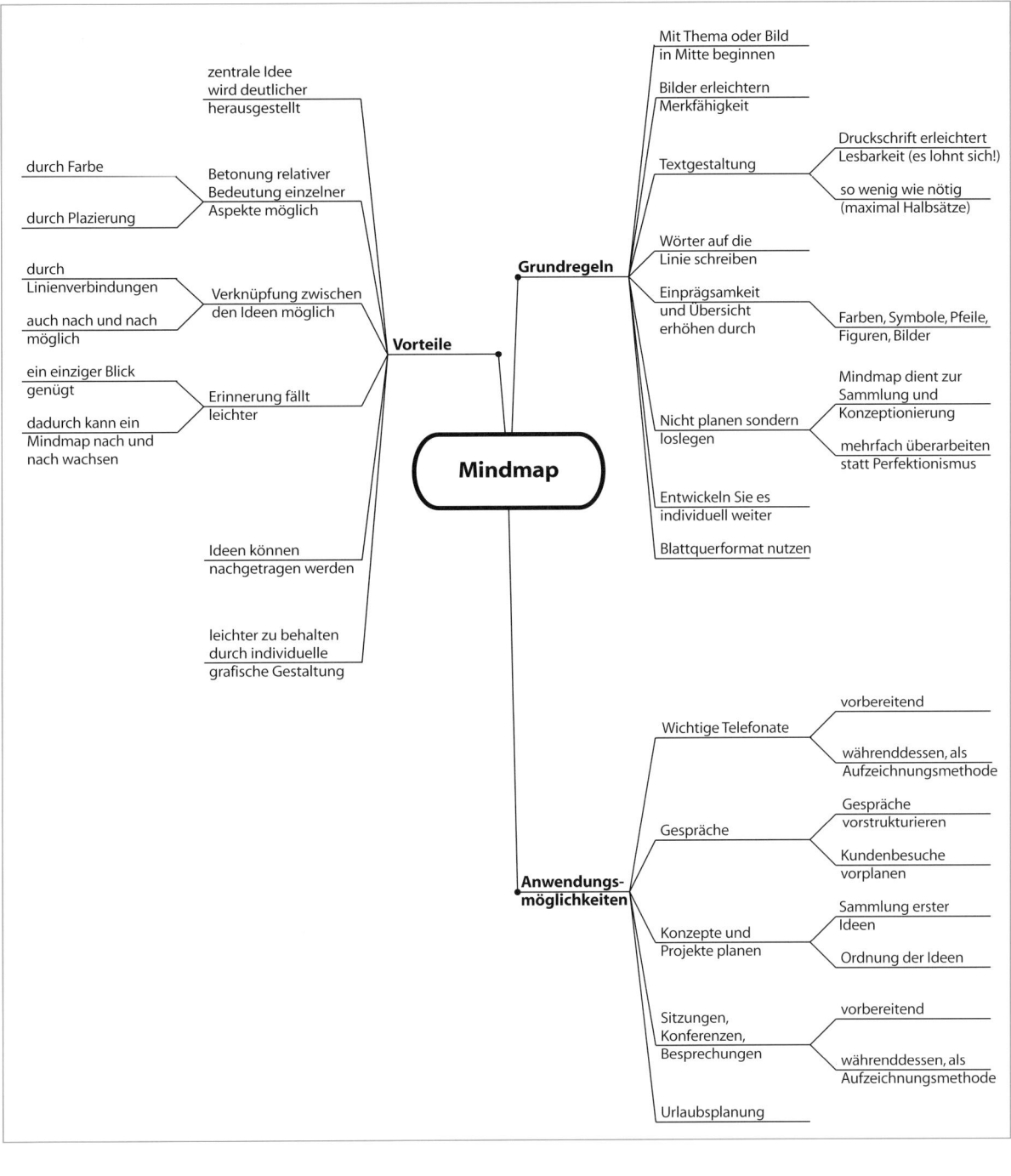

Das Mindmap bietet den besonderen Vorteil, dass Sie die Notizen stets noch ergänzen können. Das heißt:

- Sie können Gespräche und Telefonate sehr übersichtlich planen und die Vorbereitungszeit verteilen: Wenn Ihnen eine Idee während der Arbeit kommt, oder wenn Sie nur ein paar Minuten Vorbereitungszeit haben, nehmen Sie das entsprechende Mindmap zur Hand und lassen es »weiterwachsen«. Wenn Ihnen später spontan etwas einfällt, was Sie noch in einem anstehenden Telefonat ansprechen wollen, dann fügen Sie es einfach ins Mindmap ein. Es wächst ganz problemlos mit.
- Sie können Ihre Notizen zur Gesprächsvorbereitung im Telefonat weiterverwenden, und während des Gesprächs Ergänzungen vornehmen oder Themen abhaken. So haben Sie ein komplettes Blatt, auf dem Vorbereitung und Gespräch kompakt zusammengefasst sind.
- Sie können Notizen sortiert vornehmen, selbst wenn Sie im Telefonat von Thema zu Thema und wieder zurückspringen. Bei linearen Aufzeichnungen führt das zum Chaos.
- Sie dürfen Ihre natürlichen Drang, während des Telefonierens zu malen, jetzt bewusst kreativ einsetzen. Das Mindmap lädt zum Malen ein, um bildhaft zu unterstützen, was Sie schriftlich festgehalten haben.
- Der gezielte Einsatz von Farben unterstützt das Lesen und Erinnern. Grün und Rot sind beispielsweise Signalfarben, mit denen man positiv und negativ, wünschenswert und wichtig signalisieren kann. Wenn Sie für Blau und Schwarz ebenfalls eindeutige Bedeutungen festlegen, schaffen Sie ein persönliches Markierungssystem.

Probieren Sie aus, mit dem Mindmap zu arbeiten und experimentieren Sie mit ihm. Wenn man es erst einmal getestet hat, dann erkennt man, welche vielfältigen Varianten möglich sind. Lassen Sie sich von der Grundidee, grafische Elemente mit der Schrift zu kombinieren, anregen, und passen Sie sie Ihren Bedürfnissen an.

Informationen griffbereit halten

Halten Sie die Informationen, die Sie für ein Telefonat benötigen, griff- und sichtbereit. Das spart Zeit und Telefonkosten. Außerdem wirkt es professionell und organisiert, wenn man sofort Auskunft auf vorhersehbare Fragen geben kann, ohne erst lange nach den erforderlichen Informationen suchen zu müssen.

Einige Anregungen, welche Informationen Sie unmittelbar in Ihrem direkten Aktionsradius bereithalten sollten:

- Halten Sie ein aktuelles Telefonverzeichnis Ihrer Organisation bereit. Wenn Sie es nicht besitzen, dann kümmern Sie sich eigenverantwortlich darum. Sie brauchen ein alphabetisches Verzeichnis, um gezielt die benötigten Ansprechpartner suchen zu können und Sie brauchen ein Bereichsverzeichnis, um Zuständigkeiten schnell erkennen zu können.
- Tragen Sie auch Veränderungen sofort ein. Fragen Sie gegebenenfalls in den entsprechenden Abteilungen nach, wenn Sie erfahren, dass eine Zuständigkeit geändert wurde oder personelle Veränderungen stattfanden.
- Richten Sie sich ein Telefonbuchprogramm auf dem Computer ein. Legen Sie diese Telefonübersicht in den Hintergrund, sodass Sie jederzeit darauf zugreifen können.
- Wenn Sie nur wenige Telefonnummern benötigen, dann können Sie sich auch eine Tabelle als Datei einrichten, die die wichtigsten Telefonnummern im Hintergrund der aktuell benötigten Computerprogramme zugriffsbereit hält.
- Beginnen Sie erst zu telefonieren, wenn Sie die Unterlagen griffbereit haben. Wenn Sie Ihre »Anrufstunde« eingerichtet haben, dann halten Sie alle Unterlagen griffbereit oder machen sich zumindest eine kurze Notiz zu jedem Anruf, welche Unterlagen wohl benötigt werden. So zwingen Sie sich vor dem Anruf bereits, das Gespräch vorzudenken, sich auf Fragen einzustellen und Ihr Wissen zu aktivieren.
- Ihr Terminkalender sollte für Sie immer sichtbar sein, um zeitliche Vereinbarungen sofort treffen und festhalten zu können. Ein großes Kalenderblatt in Sichtweite Ihres Arbeitsplatzes, auf dem Sie das Jahr mit einem Blick überschauen, leistet zusätzliche Dienste. Wählen Sie ein Blatt, das mindestens DIN A2 groß ist, besser größer, und das ausreichend Platz für Notizen bereithält. Darauf können Sie zusätzliche Infor-

mationen festhalten, die in Ihrem persönlichen Kalendarium nicht eingetragen sind. Etwa Abwesenheiten, Urlaubszeiten, Schichtpläne oder Vertretungen der Kollegen. Arbeiten Sie mit Bleistift, um Einträge verändern zu können und mit Farben, um Wichtiges hervorzuheben. Tipp: Befestigen Sie den Bleistift direkt am Kalender, damit Sie oder eventuell auch Kollegen Einträge immer unmittelbar vornehmen können. Wenn Sie aktuelle Informationen stets nachtragen, sparen Sie sich viele Nachfragen und damit auch Zeit.

- ❖ Überprüfen Sie, ob ein örtliches Telefonbuch griffbereit liegt. Das ist nicht nur für eigene Telefonate hilfreich. Auch wenn Sie einem Anrufer eine Auskunft geben möchten, wirkt es sehr zuvorkommend, wenn Sie über ihre unmittelbare Tätigkeit hinaus Hilfe leisten.
- ❖ Markieren Sie Telefonnummern, die Sie häufiger nachschlagen, an der entsprechenden Seite Ihres Telefonbuches mit einer Büroklammer oder einem Heftzettel und markieren Sie auch die entsprechende Stelle, an der die Telefonnummer angegeben ist, zum raschen Wiederauffinden.

Übung

Nehmen Sie sich ein paar Minuten Zeit, Ihre eigene Arbeit von außen zu betrachten. Überlegen Sie, welche Wege Sie immer wieder gehen müssen, um Formulare, Papiere, Informationen zum Arbeitsplatz hin und von ihm weg zu bewegen.

Welche dieser Wege ließen sich durch gezielte Umorganisation vermeiden oder verringern? Beobachten Sie dazu auch einmal Ihre Kollegen und sprechen Sie mit ihnen. Wenn diese eine ähnliche Arbeit wie Sie verrichten, dann hilft die Beobachtung, Umwege und Umständlichkeiten leichter zu erkennen.

Auf fremde Anrufbeantworter sprechen

Vielleicht haben Sie es auch schon einmal erlebt, dass Sie Ihren Anrufbeantworter mehrmals abhören mussten, weil Sie den Namen des Anrufers oder die Firma, für die er anruft, nicht verstehen konnten. Oder vielleicht wurde die Rückrufnummer so schnell und undeutlich gesprochen, dass Sie sie unmöglich beim ersten Hören notieren konnten. Das kostet unnötige Zeit und verärgert einen.

Wenn Sie die folgenden Hinweise beim Besprechen fremder Anrufbeantworter beachten, dann ersparen Sie dem Abhörenden diese Frustration. Außerdem bleiben Sie so in angenehmer Erinnerung.

Beginnen Sie mit der Begrüßungsformel

Melden Sie sich mit einer freundlichen Begrüßung. Nennen Sie anschließend Ihren Namen und die Firma, für die Sie anrufen. Bemühen Sie sich dabei bewusst darum, langsam und deutlich zu sprechen. Wenn Sie einen ungewöhnlichen Namen haben oder Abweichungen zwischen Schrift und Klang existieren, dann buchstabieren Sie ihn anschließend.

> »*Guten Tag Herr Maier.* Pause. *Mein Name ist Muss - Termann, M-u-s-s Bindestrich Termann, wie man es spricht.* Pause. *Ich bin von der Firma ...*«

Kündigen Sie zu Beginn an, dass es etwas zu notieren gibt

Sagen Sie bereits zu Beginn des Gesprächs, wenn es später erforderlich ist, etwas zu notieren. Damit geben Sie dem Abhörenden den Hinweis und die Möglichkeit, bereits beim Zuhören nach einem Stift und einem Notizzettel Ausschau zu halten. Sprechen Sie erst dann das auf das Band, was Sie mitteilen möchten.

> »*... Herr Richter, es geht um den aktuellen Stand in der Sache Seitz. Ich werde Ihnen später die Rechnungsnummer und meine Telefonnummer geben, damit Sie das nachprüfen können und wir uns gegebenenfalls noch einmal unterhalten können. Worum es mir geht, ist ...*«

Sprechen Sie lange Zahlen Ziffer-für-Ziffer

Wenn man lange Zahlen, wie etwa Telefonnummern, auf ein Band spricht, dann ist das Mitschreiben während des Abhörens nur dann möglich, wenn die Ziffernfolge bewusst langsam und Ziffer-für-Ziffer (z.B. 3-3-7-1-3-5-5-1-2) erfolgt. Der Schreibfluss stockt unmittelbar, wenn Sie eine Ziffernfolge zwei oder dreistellig hören (beispielsweise 33-713-55-12).

> **Übung**
>
> Überprüfen Sie einmal den Unterschied, indem Sie einem Kollegen zwei mehrstellige Zahlen diktieren und ihn gleichzeitig beobachten, wie er schreibt. Diktieren Sie die eine Zahl Ziffer-für-Ziffer und die andere Zahl zwei- und dreistellig.

Ersparen Sie das Heraussuchen Ihrer Rückrufnummer

Wenn man mit einem Gesprächspartner häufiger zu tun hat, ist man geneigt, das Telefonat zu beenden, ohne die eigene Telefonnummer noch einmal zu nennen. Dies geschieht in dem Wissen, dass sie dem Gesprächspartner ja bekannt sein muss, und er sie besitzt.

Dem Gesprächspartner den Rückruf erleichtern

Machen Sie es Ihrem Gesprächspartner leicht, Sie zurückzurufen. Ersparen Sie ihm die Suche Ihrer Telefonnummer. Nennen Sie in jedem Fall am Ende Ihres Bandtextes noch einmal Ihre Telefonnummer. Tun Sie das auch, wenn Sie einen Rückrufwunsch oder eine Nachricht bei einem Kollegen hinterlassen.

Beachten Sie dabei, dass Sie die Vorwahl und gegebenenfalls die internationale Vorwahl nennen. Wenn man viele Ortsgespräche führt, dann vergisst man dies manchmal, und gibt nur die Durchwahl an.

Den besten Weg zum Adressaten wählen

Viele Informationswege führen zu Ihrem Ansprechpartner. Das Telefon ist eine Möglichkeit. Daneben gibt es auch noch die Möglichkeit, Informationen zu faxen oder per E-Mail zu senden.

Sicherlich ist das Telefonat nach dem Gespräch von Angesicht zu Angesicht die persönlichste Form, Kontakt zum Gesprächspartner aufzunehmen. Dies ist der entscheidendste Vorteil des Telefons gegenüber den anderen Technologien. Das macht Telefonate aber manchmal zu zeitintensiv. Fax und E-Mail bieten deshalb gute Ergänzungen. Ihr größter Nachteil ist, dass sie im Privatbereich häufig nicht vorhanden sind.

Fax und E-Mail bieten einige Vorteile, die Sie nutzen sollten, wenn sie einem zugänglich sind. Folgende Tabelle stellt die Vor- und Nachteile gegenüber:

	Fax	E-Mail
Nutzen Sie folgende Vorteile	Umfangreiche Daten können schnell übersandt werden. Informationen sind zu jeder Tages- und Nachtzeit zu versenden. Empfang unabhängig von der Anwesenheit des Empfängers. Bietet die Möglichkeit, Gesprächspartner für Telefonate vorzubereiten. Man hat etwas schriftliches in der Hand. Man kann eine Unterschrift geben und fordern. Bietet sich für visuelle Information an: Karten, Skizzen, Übersichten, Diagramme, Bilder.	Umfangreiche Daten können schnell übersandt werden. Umfangreiche Dateien können unmittelbar weiterverarbeitet werden. Kontakt ist preiswert auf der ganzen Welt möglich. Reduziert auf das Wesentliche. Man hat etwas schriftliches in der Hand. Vertraulich: In der Regel hat man einen eigenen E-Mail-Anschluss. Umweltfreundlich, weil kein Papier benötigt wird. Man kann in ein Dokument schreiben, es also weiterverarbeiten (zum Beispiel beantwortete Fragen zurücksenden). Falsch adressierte oder nicht zugestellte Nachrichten kehren zum Absender zurück.
Bedenken Sie	Einweg-Kommunikation. Faxgeräte sind meist mehreren Personen zugänglich. Problem der Datensicherheit. Bei längeren Sendungen (Papierkosten) fragen, ob der Postweg besser geeignet ist. Witze, Sprüche, Juxblätter kommen nicht bei jedem gut an. Stellen Sie sicher, dass Ihre Vorlage bestmöglich ist. Wenn Sie sicher gehen wollen, dass Ihr Fax beim Adressaten angekommen ist, dann bitten Sie um eine Empfangsbestätigung.	Mit E-Mails können Sie Kontakte erhalten. E-Mails funktionieren wie Postkarten. Beim Versenden von Dateien sollten Sie sicher sein, dass Ihr Adressat das passende Programm besitzt. Formulieren Sie den Betreff genau, wenn der Anschluss von mehreren Personen genutzt wird. Wenn der Adressat den Computer nur sporadisch nutzt, werden E-Mails nicht immer sofort gelesen.

Die Zusammenarbeit mit Kolleginnen und Kollegen organisieren

Da Sie ein ganz persönliches Interesse haben, dass die Zusammenarbeit mit Kolleginnen erfolgreich verläuft, sollten sie diese Aufgabe nicht nur Ihren Vorgesetzten überlassen. Bedenken Sie folgende Aspekte:

Lernen Sie von Kolleginnen und Kollegen

Von den Strategien anderer inspirieren lassen

Wenn Sie mit mehreren Kollegen zusammenarbeiten, werden Sie immer Gelegenheiten finden, die eine oder andere Methode oder Technik zur Organisation der Arbeit abzuschauen. Jeder Mensch entwickelt und verfeinert bei der Arbeit Strategien, die sich im Laufe der Zeit bewähren. Schauen Sie hin, lassen Sie sich inspirieren und lernen Sie von anderen!

Häufig handelt es sich nur um Kleinigkeiten, etwa die Platzierung der Geräte in der unmittelbaren Arbeitsumgebung, die Ablage von Formularen, oder die Reihenfolge, in der Prozesse abgearbeitet werden. In der Summe oder am rechten Ort eingesetzt, sparen sie Zeit und Mühe.

Informieren und unterstützen Sie Ihre Kolleginnen und Kollegen

Machen Sie Ihren Kollegen die Arbeit leicht, damit Sie selbst leichter arbeiten können. Wenn Sie Anrufe weiterleiten müssen, können Sie den anderen über das Anliegen vorinformieren, um ihn vorzubereiten. Viele Ärgernisse wären dadurch zu lösen, dass einer den ersten Schritt macht, Schuldzuweisungen unterbindet, Kollegen über relevante Sachverhalte informiert und gemeinsames Vorgehen abstimmt. Koordinieren Sie, was Sie aus dem Abschnitt »Organisation der Telefonzeiten« umsetzen.

Organisation des Arbeitsumfeldes

Sie erhalten nun Anregungen, wie Sie Ihr Arbeitsumfeld im weiteren Sinne organisieren und gestalten können. All die Tipps und Vorschläge werden zwar nicht unmittelbar die Qualität Ihrer Telefonate verbessern, aber sie tragen dazu bei, das Werkzeug Telefon geschickter zu nutzen. Probieren Sie die Vorschläge aus und lassen Sie sich zum Experimentieren anregen, denn die optimale Organisation des Arbeitsumfeldes ist stets eine individuelle Angelegenheit: Sie hängt zum einen von der Arbeit ab, die Sie am Telefon verrichten und zum anderen von Ihren persönlichen Präferenzen. Dennoch haben sich einige Organisationshilfen bewährt, die hier vorgestellt werden.

Das Werkzeug Telefon optimaler nutzen

Die Erleichterung beginnt, indem man die *Organisationsmöglichkeiten des Telefons* nutzt. Es schafft Freiräume und Sie ersparen sich unnötigen Ärger, wenn Sie die technischen Möglichkeiten Ihres Telefons ausschöpfen und Ihren Bedürfnissen anpassen. Darüber hinaus kann man durch die gezielte *Gestaltung des Arbeitsplatzes* einige Handgriffe sparen und so effizienter arbeiten. Schließlich erhalten Sie einige Anregungen zur *Raumgestaltung*. Nicht jeder Leser wird auf diesen letzten Faktor Einfluss nehmen können. Nutzen Sie jedoch die Möglichkeiten, die Ihnen zur Verfügung stehen.

Organisationsmöglichkeiten des Telefons

Nutzen Sie die Kurzwahlspeicher

Moderne Telefonanlagen bieten mit den Kurzwahlspeichertasten die Möglichkeit, Kontakt zum Gesprächspartner mit einem Tastendruck herzustellen. Ein Tipp: Speichern Sie nicht nur die Telefonnummer Ihres Gesprächspartners ab, sondern auch die aktuell günstigste Call-by-Call-Nummer. So sparen Sie mühelos Geld.

Spezialfunktionen nutzen

Viele Menschen zögern, sich mit den technischen Möglichkeiten des Telefons auseinanderzusetzen. Dicke Handbücher laden auch nicht unbedingt dazu ein, dies zu tun. Zwei Funktionen sind allerdings unbedingt bemerkenswert. Dies ist zum einen die *Rückruffunktion* und zum anderen die *Konferenzschaltung*.

Die Rückruffunktion nutzen

Die *Rückruffunktion* bietet Ihnen die Möglichkeit, dem Anrufer ein Signal zu hinterlassen, dass Sie in in seiner Abwesenheit angerufen haben. Falls die Leitung besetzt ist, wird automatisch ein Kontakt hergestellt, sobald die Leitung frei ist. Beides erleichtert die Kontaktaufnahme ungemein. Allerdings sollten Sie auf zwei Dinge achten: Einige Personen beachten die Anrufmitteilungen nicht und rufen Sie nicht zurück. Häufig vergisst man dann diesen Anruf. Wenn Sie einen Haftzettel am Telefon befestigen, auf dem Sie notieren, von wem Sie einen Rückruf erwarten, haben Sie eine optische Kontrolle. Falls besetzt war, wird der Kontakt irgendwann automatisch hergestellt, wenn die Leitung zum Gesprächspartner frei ist. Waren Sie zwischenzeitlich intensiv beschäftigt, dann wissen Sie möglicherweise nicht mehr sofort, warum sie anrufen wollten. Auch dieses Problem umgehen Sie mit einem Haftzettel am Telefon oder einer kurzen Notiz, wen Sie angerufen haben und worum es geht.

Die Konferenzschaltung erleichtern Absprachen mit mehreren Personen

Die *Konferenzschaltung* ist eine große Arbeitserleichterung, um Absprachen mit mehreren Personen telefonisch koordinieren zu können. Vielleicht haben Sie ja auch schon einmal probiert, einen Termin zwischen mehreren Personen zu vereinbaren? Das ist meist sehr zeitaufwendig und stressig, weil man mehrfach hin- und hertelefonieren muss, bis die Absprache zwischen allen Beteiligten klappt. Die Konferenzschaltung macht dies einfacher, denn sie ermöglicht es, mit mehreren Personen gleichzeitig zu telefonieren.

Übersichtliche Kurzwahltasten

Wer auf Telefon-Großanlagen telefoniert, der hat in der Regel eine ganze »Schalttafel« von Kurzwahltasten vor sich. Speichern Sie die Nummern der Ansprechpartner nicht wahllos ab. Überlegen Sie sich ein passendes System, um eine Erleichterung der Suche durch die Ordnung zu erhalten. Beispiele:

Ordnen Sie zum Beispiel nach der Priorität der Ansprechpartner; Oder speichern Sie die Ansprechpartner nach Unternehmensbereichen ab, alphabetische Reihenfolge.

Wenn Sie die Beschriftung der Tasten maschinell vornehmen, dann experimentieren Sie mit der Schrifttypgröße, um die Namen so groß wie möglich zu wählen. Wählen Sie eine gut lesbare Schrift ohne Serifen (zum Beispiel Arial) und schreiben Sie in Groß- und Kleinbuchstaben.

Tasten markieren

Farbige Markierungen einzelner Tasten oder abwechselnde Markierung ganzer Tastenzeilen ermöglichen es, mit einem Blick zu erfassen, welche Taste die Richtige ist bzw. welche Reihe Sie suchen. Unterschiedliche Farben schaffen eine ganze Reihe von Möglichkeiten, die verwirrende Gleichförmigkeit des Tastenfeldes zu strukturieren.

Einen Aspekt sollten Sie dabei beachten: Wenn Ihr Telefonarbeitsplatz nicht fest ist, also sowohl Sie als auch Ihre Kollegen an unterschiedlichen Telefonen arbeiten, dann sollten Ihre Speicher- und Markierungssysteme aufeinander abgestimmt sein.

Die Vorteile eines schnurlosen Telefons

Wenn Sie Ihre Telefonanlage selber auswählen können, dann überlegen Sie sich, ob Sie unbedingt eine stationäre Anlage mit fester Verbindung zwischen Hörer und Station benötigen, oder ob Sie nicht eine schnurlose Variante einsetzen wollen. Viele Menschen haben das natürliche Bedürfnis, sich beim telefonieren zu bewegen. Ein schnurloses Telefon gibt Ihnen diese Freiheit. Außerdem sind Sie auf diese Weise flexibel, während des Gesprächs notwendige Unterlagen oder Materialien zu besorgen, ohne das Gespräch unterbrechen zu müssen.

»Schnurlos« macht flexibel

Die Anschaffung eines Head-Sets (Kopfhörer-Telefon) wird sich dann rechnen, wenn Sie viele Telefonate am Platz erledigen und freie Hände für das Arbeiten benötigen, beispielsweise für Computer-Eingaben.

Passende Musik auswählen

Prüfen Sie die Wirkung der Musik und des Ansagetextes Ihrer Warteschleife

Es ist mittlerweile die Regel, dass in den Warteschleifen am Telefon Musik eingespielt wird. Was man in unterschiedlichen Unternehmen erleben kann, reicht vom Ping-Pong-Sound über fetzigen Rock bis hin zu tragischer Klaviermusik. Häufig wird das angestrebte Ziel damit verfehlt. Die Musik im Hintergrund sollte die Stimmung des Anrufers positiv und entspannt halten. Um zu prüfen, ob dies wirklich gelingt, sollten Sie gegebenenfalls mehrere Menschen nach ihrem ehrlichen Urteil befragen.

In der Warteschleife eines großen Unternehmens lief ein Musiktitel mit der häufig wiederholten Textzeile »don´t worry, be happy«. Diese Hintergrundmusik wurde periodisch unterbrochen durch den mehrsprachigen Hinweis, dass die Anrufer sich bitte noch etwas gedulden sollen.

Eine Frau am Servicetelefon des Unternehmens bearbeitete in erster Linie Reklamationen. Sie stellte immer wieder fest, dass ihre Anrufer auffällig genervt waren. Irgendwann wies ein Anrufer Sie darauf hin, dass ihm die Musik in der Warteschleife »voll auf den Geist gehe«. Sie besprach ihre Vermutung, dass die Musik die Anrufer vielleicht nerve, mit ihrem Vorgesetzten. Man erprobte mit einem Anruf, wie man selbst auf die Musik reagiert und entschied sich sofort, den Musiktitel zu wechseln. Es wurde eine neutrale Musik ausgewählt. Seitdem gab es in Bezug auf die Musik keine weiteren Beschwerden.

Ähnlich wie die Wirkung der Musik sollte man auch den Begleittext gezielt zusammenstellen. Ein Hinweis darauf, ob das Warten in der Leitung kostenfrei ist, ist beispielsweise eine entscheidende Information, die unnötigen Frustrationen vorbeugt. In jedem größeren Unternehmen sollte außerdem eine aparte Stimme zu finden sein, die den Text spricht.

Der Anrufbeantworter

Wenn Sie einen Anruf nicht persönlich entgegennehmen können und kein Kollege Ihre Telefonvertretung macht, ist der Anrufbeantworter die beste Alternative.

Der Text Ihres Anrufbeantworters wird zu Ihrer akustischen Visitenkarte. Was Sie vermitteln wollen und wie die Stimme wirkt, sollte deshalb sehr ernst genommen werden. Die Mühe und die Zeit, die Sie hierfür investieren, lohnt sich allemal. Überlegen Sie zunächst genau, was Sie Ihrem Anrufer mitteilen möchten. Die freundliche Begrüßung zu Beginn ist immer erforderlich, der übrige Text hingegen höchst individuell. Erst wenn man mit der inhaltlichen Wirkung des Textes zufrieden ist, sollte man sich daranmachen, ihn auf das Band zu sprechen. Wenn Sie Betonungen richtig setzen wollen, fehlerfrei sprechen und dabei freundlich und engagiert klingen möchten, werden Sie vielleicht einige Versuche unternehmen müssen, bis Sie mit dem Ergebnis zufrieden sind. Lächeln Sie, wenn Sie auf das Band sprechen. Sprechen Sie in Ihrer Vorstellung zu einem Menschen, dann klingen Sie persönlich und echt.

Der Anrufbeantworter ist Ihre akustische Visitenkarte

In Kapitel 6 wurde auf die besondere Bedeutung der Stimme eingegangen. Prüfen Sie, ob es sich anbietet, dass nicht Sie, sondern ein Kollege oder eine Kollegin Ihren Anrufbeantworter bespricht. Dies hat gleichzeitig den für manche durchaus erwünschten Effekt, dass Anrufer erkennen, dass man einen Mitarbeiter hat.

Bedenken Sie bei kreativen oder witzigen Textansagen, dass die Zielgruppe, die so etwas mag, sehr begrenzt ist. Die meisten Menschen bevorzugen eine seriöse Textansage.

Beachten Sie bei der Ansage von Büro- oder Arbeitszeiten, dass der Text bei einmaligem Hören aufgenommen werden kann. Es ist für jeden Anrufer ärgerlich, wenn der Text so schnell gesprochen ist, dass man mehrmals anrufen muss, um ihn zu verstehen. Sprechen Sie deshalb insbesondere an diesen Stellen betont langsam. Achten Sie zum anderen auf eine geschickte Zusammenstellung des Textes. Zunächst dazu ein typisches Beispiel für eine ungünstige Ansage:

> »... Unsere Bürozeiten sind montags bis donnerstags von 8 Uhr 30 bis 12 Uhr 30 und von 14 Uhr bis 18 Uhr 30. Mittwochs erst ab 14 Uhr. Donnerstags bis 19 Uhr. Freitags nur bis 13 Uhr. Samstags sind wir nicht telefonisch erreichbar.«

Schon beim Lesen haben Sie vermutlich festgestellt, dass dieser Text so kompliziert ist, dass er selbst bei langsamer Ansage kaum aufgenommen werden kann. Außerdem wecken Formulierungen wie »erst ab«, »nur bis« und »nicht erreichbar« negative Assoziationen (vgl. Kapitel 7).

Vergleichen Sie nun die bessere Alternative:

»... Sie können uns tagsüber zwischen 8 Uhr 30 und 18 Uhr 30 erreichen.
(Pause)
Die Mittagspause ist zwischen 12 Uhr 30 und 14 Uhr.
(Pause)
Am Mittwoch nehmen wir Ihre Anrufe gerne ab 14 Uhr entgegen.
(Pause)
Freitags können Sie uns bis 13 Uhr erreichen.«

Das Beispiel zeigt, wie man durch die Umstellung und Neuordnung die Informationen für das Ohr eingängiger machen kann. Außerdem wurde darauf verzichtet, die längere Erreichbarkeit am Donnerstag herauszustellen. Dieser Kompromiss erscheint sinnvoll, um den Ansagetext »hörbar« zu halten. In diesem Sinne sollten Sie auch bedenken, ob Sie die Zeiten, in denen Sie telefonisch erreichbar sind, an den einzelnen Wochentagen gleichförmiger gestalten.

Überlegen Sie außerdem, ob es für Sie sinnvoll ist, unterschiedliche Ansagetexte bereitzuhalten. Vor dem Urlaub, wenn Sie für mehrere Tage im Außendienst tätig sind, oder wenn beispielsweise außergewöhnliche Ereignisse Ihre Erreichbarkeit vorübergehend einschränken, ist ein aussagekräftiger Ansagetext eine Hilfe für den Anrufer.

Prüfen Sie die Ansage Ihres Anrufbeantworters nach folgenden Kriterien:

- ❖ Sprechen Sie den Text fehlerfrei?
- ❖ Ist der Text informativ und gleichzeitig knapp?
- ❖ Klingt der Text so einladend, dass Sie selbst darauf sprechen würden?
- ❖ Klingt aus Ihrer Stimme ein Lächeln?
- ❖ Klingt Ihre Stimme motiviert?
- ❖ Haben Sie einladende und positive Formulierungen verwendet?
- ❖ Sagen Sie Öffnungszeiten, Bürozeiten oder Ähnliches so langsam an, dass man sie sich merken kann?

Gestaltung des Arbeitsplatzes

Lassen Sie sich von den folgenden Tipps bei der Gestaltung ihres unmittelbaren Arbeitsplatzes anregen. Setzen Sie um, was Ihnen die Arbeit erleichtert:

- Notizblock, Stift, Haftzettel, Kalender und die Telefonkartei gehören am Telefonarbeitsplatz zur Standardausstattung. Erste Aktion beim Anruf: Sie notieren den Namen des Anrufers.
- Haftzettel bieten die Möglichkeit, Rückrufnummern doppelt zu notieren, um sie mitzunehmen und an anderem Ort zu nutzen (entferntes Faxgerät) oder zu befestigen (an einer Akte).
- Gewöhnen Sie sich an, zu jeder Telefonnummer, die Sie aufschreiben grundsätzlich den Namen der zugehörigen Person zu notieren, damit Sie später Rätselraten vermeiden.
- Halten Sie die Arbeitsfläche vor Ihrem Telefon frei, um Unterlagen problemlos ausbreiten zu können.
- Briefumschläge, Prospekte oder Ähnliches, was Sie an Anrufer versenden müssen, liegt griffbereit. So können Sie Adressen gleich auf dem Umschlag notieren und das geforderte Material rasch eintüten. Das spart unnötige Doppelarbeiten.
- Mit Schreibtisch-Klappordnern haben Sie eine platzsparende Möglichkeit, wichtige DIN-A4-Seiten (Telefonregister, Organisationspläne) direkt neben dem Telefon zu positionieren.
- Ordnen Sie Ihre Schreibtischschubladen so, dass Utensilien und Formulare, die Sie wirklich bei der Arbeit benötigen, schnell und in den oberen Schubfächern griffbereit haben.
- Positionieren Sie das Telefon so, dass Sie nicht »Überkreuz« greifen müssen. Außerdem sollten Sie den Hörer greifen können, ohne sich jedes Mal weit vorbeugen zu müssen.
- Umgeben Sie sich mit Übersichten (Belegungspläne, Organigramm, Urlaubsvertretungen usw.), die Ihnen mit einem Blick häufig erforderliche Informationen im Überblick bieten. Legen Sie sie unter die durchsichtige Schreibtischauflage oder bringen Sie sie in Sichtweite vor Ihrem Arbeitsplatz an.
- Wenn Sie parallel am Computer arbeiten, verhindert eine geräuschlose Tastatur, dass Tippgeräusche den Eindruck erwecken, Sie hören nicht zu, während der Gesprächspartner spricht.

Der Raum, in dem Sie arbeiten

Frische Lust und nicht zu warm

Ausreichend frische Luft und eine mittlere Raumtemperatur von etwa 18 Grad Celsius sind Faktoren, die sich erwiesenermaßen positiv auf die Konzentrationsfähigkeit auswirken. Wenn Sie die Möglichkeit haben, dann lüften Sie den Raum von Zeit zu Zeit, insbesondere, wenn viele Geräte darin stehen, und schöpfen Sie in Pausen am Fenster frische Luft.

Überheizen Sie den Raum nicht, sondern ziehen Sie sich lieber eine Jacke an, wenn es Ihnen vorübergehend kühl wird.

Mit einem ausreichend hellen Arbeitsplatz sorgen Sie dafür, dass Ihre Augen nicht zu schnell ermüden. Wer neben dem Telefon viel Bildschirmarbeit erledigt, der sollte darauf besonders achten.

Diese Anforderungen sind nicht an jedem Arbeitsplatz ohne weiteres zu verwirklichen. Moderne Büros und Telefonarbeitsplätze sind häufig in vollklimatisierten Gebäuden untergebracht. In solchen Fällen sollten Sie sich in Ihren Pausen an der frischen Luft bewegen. Die Bewegung lenkt außerdem gedanklich von der Arbeit ab.

An Telefonarbeitsplätzen, an denen mehrere Menschen arbeiten, etwa im Call Center, ist es wichtig, schallschluckende Raumelemente zu installieren. Dadurch werden einerseits Hintergrundgeräusche am Telefon minimiert, und andererseits nimmt so die Schallbelastung ab, die vom dauernden Hintergrundklingeln und den Gesprächen der Arbeitskollegen ausgeht. Pflanzen eignen sich dazu auch und schaffen ein Ambiente.

In jedem Fall sollte die Möglichkeit gegeben sein, die Pausen in einem separaten Raum zu verbringen. Die räumliche Trennung zwischen Arbeit und Pause erleichtert es, auch innerlich neue Energie zu schöpfen.

An vielen Telefonarbeitsplätzen werden noch schriftliche Nachbereitungen der Telefonate vorgenommen. Erfahrungsgemäß wird diese Arbeit in Phasen erledigt. Das heißt, man telefoniert über einen gewissen Zeitraum, und anschließend erledigt man die angefallenen Schreibarbeiten – eine Form der Arbeitsorganisation, die an sich schon sehr günstig ist. Solche Arbeiten sollte man aber ungestört von Telefonaten und der Geräuschkulisse telefonierender Kollegen an einem Platz mit ausreichender Arbeitsfläche erledigen können.

Kapitel 9
Strategien für schwierige Telefonate

Schwierige Gespräche durchführen

Jeder hat am Telefon hin und wieder schwierige Gespräche zu führen. Das sind Gespräche mit Kunden oder Lieferanten, der Umgang mit Reklamationen, oder Gespräche, in denen man sein Recht einfordern muss. Da solche Gespräche unangenehm sind und ein hohes Konfliktpotenzial bergen, fassen wir noch einmal konkrete und hilfreiche Tipps zum Umgang mit schwirigen Gesprächen zusammen:

Lassen Sie Ihren Gesprächspartner aussprechen!

Ruhige und konstruktive Gesprächs-atmosphäre schaffen

Wenn Sie angerufen werden und Ihr Gesprächspartner zu Beginn des Telefonats schon sehr aufgeregt ist, dann sollten Sie ihm unbedingt die Möglichkeit bieten, sein Anliegen vollständig darzulegen. Das schafft eine ruhige und konstruktive Gesprächsatmosphäre. Jeder Mensch wünscht sich, dass er ausreden kann. Wenn er aber verärgert ist, gilt das in besonderem Maße.

Wenn Sie zu sprechen beginnen und von Ihrem Gesprächspartner unterbrochen werden, dann verstehen Sie das als ein Signal, dass er noch nicht seine gesamte »Luft abgelassen hat«. Geduld ist in dieser Phase entscheidend. Wer hier zu früh auf sein Recht pocht, auch einmal etwas zu sagen, der lässt die Situation eskalieren.

Zeigen Sie dieses Verhalten ganz konsequent. Vielleicht werden Sie sich den Ärger des Gesprächspartners in allen Einzelheiten und zweimal anhören müssen. Sie sorgen aber dafür, dass Sie selbst nicht zur Angriffsfläche werden und schaffen die Grundlage zur Lösungssuche.

Stellen Sie sicher, dass Sie den Gesprächspartner richtig verstanden haben!

Halten Sie die Zahl der Missverständnisse durch aufmerksames Zuhören und Nachfragen so gering wie möglich (vgl. Kapitel 3). Wenn Sie aufmerksam bleiben, dass das, was Sie im Moment verstanden haben, immer dem entspricht, was der andere gerade gemeint hat, dann lösen Sie viele Situationen bereits auf, bevor es zum Konflikt kommt.

Zuhören und nachfragen

Überhören Sie indirekte Angriffe!

Wer aufgeregt ist, der macht hin und wieder verdeckte und indirekte Angriffe, die häufig gar nicht Sie als Person betreffen, sondern Ihre Kollegen, Ihre Abteilung oder die gesamte Organisation. Sie sind ein Hinweis auf das Ausmaß der Erregung Ihres Gesprächspartners. Wenn man Bemerkungen wie »Sie kriegen es wohl nicht geregelt.«, »Was ist denn das für ein Saftladen.«, »Schläft bei Ihnen denn die Belegschaft?« hört, dann ist man geneigt, sich sofort gegen die Unterstellung zu wehren. Überhören Sie diese Angriffe und Nebenstraßen. Sie verhindern so die Eskalation und zeigen sich lösungs- und kompromissorientiert.

Eskalationen verhindern

Telefonieren Sie konsequent lösungsorientiert

Lassen Sie sich während des Telefonats von einer Frage leiten: »Was hilft uns weiter?« Diese Frage sorgt dafür, dass Sie immer bedenken, ob Ihr aktuelles Verhalten geeignet ist, zu einer beidseitig tragbaren Lösung zu kommen. Auch wenn sie nicht die wünschenswerteste ist, stellt sie beide Seiten zumindest teilweise zufrieden, weil Sie dem Gesprächspartner soweit entgegenkommen, wie es für Sie tragbar ist. Außerdem verhindern Sie, dass Sie sich auf Nebenstraßen einlassen. Beteiligen Sie auch Ihren Gesprächspartner an der Lösungssuche, indem Sie ihm die Frage stellen. Dadurch machen Sie es sich selbst leichter und teilen die Verantwortung für die Arbeit an der gemeinsam tragbaren Lösung.

Den Gesprächspartner an der Lösungssuche beteiligen

Nutzen Sie die positive Telefonrhetorik

Positive Sprache hilft

Im Kapitel 7 haben Sie ausführlich Gelegenheit gefunden, sich mit den Aspekten einer wirkungsvoll aufbauenden Sprache auseinanderzusetzen. Diese Sprache hilft Ihnen in schwierigen Telefonaten ganz besonders, den eigenen Fokus und den des Gesprächspartners auf den Konsens zu orientieren. Beachten Sie insbesondere folgende Punkte:

- Sagen Sie, was Sie wirklich wollen, statt zu betonen, was Sie nicht wollen.
- Beachten Sie, was unter dem Abschnitt »Kundenorientiert und freundlich wirken« (vgl. Seite 143) besprochen wurde.
- Achten Sie auf das »ja, aber«. Diese Formulierung ist für die meisten Menschen zu einer Reizfloskel geworden. Wie ehrlich die Zustimmung des »ja« ist, entlarvt sich schon nach dem Komma. Besser, wenn auch zunächst etwas ungewohnt ist es, das »aber« durch ein »und« zu ersetzen. Probieren Sie es aus!

Was Sie tun sollten, wenn Sie in der Sackgasse landen!

Von einer Sackgasse im Telefonat kann man dann sprechen, wenn Sie trotz aller oben angegebenen Verhaltensweisen feststellen, dass Sie persönlich angegriffen oder Ihre Lösungsvorschläge nicht akzeptiert werden. Persönliche Angriffe, das heißt, Beschimpfungen und laute Vorwürfe, muss man sich nicht gefallen lassen. Man braucht in solchen Fällen aber nicht auf das Niveau des Gesprächspartners abzusinken, sondern kann deutlich und bestimmt darauf hinweisen, dass das Gespräch keine Basis mehr hat.

Ich-Botschaften formulieren

Senden Sie dazu eindeutige *Ich-Botschaften* und stellen Sie mit der Technik *Eigene Befindlichkeit* unmissverständlich dar, wie das Verhalten Ihres Gesprächspartners bei Ihnen ankommt. So klingen Sie weder vorwurfsvoll noch drohend, sondern kompetent und selbstsicher.

»So, wie Sie mich ansprechen und behandeln, fühle ich mich von Ihnen nicht ernst genommen. Ändern Sie bitte Ihren Ton, so wie ich mit Ihnen spreche, sonst werde ich das Gespräch abbrechen.«

Wenn Sie feststellen, dass Ihr Entgegenkommen und Ihre Lösungssuche bei Ihrem Gesprächspartner stets abgeblockt werden, dann befinden Sie sich ebenfalls in einer Sackgasse. Weisen Sie Ihren Gesprächspartner darauf hin, dass Sie mehrere Vorschläge gemacht haben, und beschreiben Sie, wie Sie ihm entgegengekommen sind. Verwenden Sie dazu *Ich-Botschaften* und drücken Sie mit der Technik *Eigene Befindlichkeit* aus, welche Wirkung die Blockade des Gesprächspartners auf Sie hat.

Bitten Sie ihn, zu zeigen, wie er Ihnen entgegenkommt oder aus Ihren Vorschlägen einen auszuwählen, oder auf einen Kompromiss hinzuweisen, der auch Ihren Ansprüchen gerecht wird.

> *»Ich habe Ihnen jetzt zwei Vorschläge gemacht, wie wir diese Angelegenheit lösen können. Ihre Reaktion war beide Male, dass es so nicht gehen kann. Das ist, was ich anbieten kann. Langsam werde ich ungeduldig. Schlagen Sie mir bitte jetzt etwas vor, das machbar ist.«*

Wenn an dieser Stelle keine Wende des Gesprächs eintritt, dann ist es sinnlos, weiter miteinander zu diskutieren. Beenden Sie das Gespräch mit dem Hinweis darauf.

Beraten am Telefon

Wer viel telefoniert, wird wahrscheinlich auch Gespräche führen, in denen er im weitesten Sinne beratend tätig ist. Wenn Sie an einem Service-Telefon längere Auskünfte geben, dann ist das ebenso eine Beratung, wie wenn ein Kunde Sie am Telefon bittet, einen Sachverhalt zu erklären oder ein Kollege Sie fragt, wie man einen Vorgang bearbeitet oder ein Gerät bedient. – In all diesen Situationen geht es um eine kompetente, freundliche und verständliche Präsentation von Information.

Qualifiziert beraten zu können, ist eine entscheidene Kompetenz für jeden, der beruflich viel telefoniert, denn in irgendeiner Form findet Beratung an nahezu jedem Arbeitsplatz statt. Deshalb kann die Bedeutung hoher Beratungskompetenz kaum überschätzt werden. Was Sie beachten können, um Ihren Beratungsstil zu verbessern, ist in den folgenden Punkten zusammengefasst.

Identifizieren Sie die Regeln des Gesprächspartners

Im Beratungsgespräch wird die Qualität ihrer Kommunikation besonders daran messbar, wie gut Sie sich auf unterschiedliche Gesprächspartner einstellen können. Im krassen Gegensatz dazu steht eine Beratung, die vom Gesprächspartner verlangt, sich auf Sie einzustellen. Solch ein Beratungsstil kann kaum als dienstleistungs- oder kundenorientiert bezeichnet werden.

In Kapitel 5 können Sie ausführlich die Regeln nachlesen, die das Gesprächsverhalten steuern. Weil Telefonate, in denen Sie beraten, in der Regel länger dauern, ist es nicht nur wichtiger, die Regeln des Gesprächspartners zu identifizieren und einzusetzen. Es ist auch leichter, sie zu identifizieren, denn Sie haben mehr Gelegenheit, das Gesprächsverhalten des anderen zu analysieren.

Einige Gesprächsregeln sollten Sie dabei besonders beachten, um Ihren Gesprächsstil darauf anzupassen:

❖ **Inhalts- und Beziehungsorientierung.** Achten Sie darauf, inwieweit Ihr Gesprächspartner persönliche Anteile im Telefonat zulässt. Die Art und Weise, wie er Sie anspricht, wie offen er spricht, gibt Ihnen wertvolle Hinweise, wie Sie sich verhalten sollten. Wenn Sie zu persönlich werden (zum Beispiel im Extremfall sofort Duzen), verlieren Sie genauso schnell den Kontakt, wie wenn Sie zu distanziert wirken.
❖ **Details oder Überblick.** Wer den Gesprächspartner mit Informationen überschüttet, ohne zu merken, dass dieser überfordert ist, unterscheidet sich letzlich nicht so sehr von dem, der einem nur grobe Informationen gibt, aber auf Nachfragen genervt reagiert. Im ersten Fall haben wir den detailorientierten Berater, im zweiten den überblickorientierten. Bedenken Sie, dass Ihre persönliche Beratungs-Präferenz nicht immer mit den Erwartungen des Gesprächspartners deckungsgleich ist. Eine kompetente Beratung passt sich dem Detailbedarf des Gesprächspartners an.
❖ **Sprechen und Hören.** Dosieren Sie Ihre Sprechanteile. Eine große Gefahr beim Beraten am Telefon besteht darin, zu glauben, man müsse besonders viel mitteilen. Gut zu beraten bedeutet aber zu allererst, dass Sie wissen müssen, wo genau der Beratungsbedarf angesiedelt ist. Lassen Sie sich deshalb besonders in der Anfangsphase des Gesprächs Zeit, um genau zu erfahren, wo Sie beraten sollen (vgl. Kapitel 5). In dieser Phase ist ausgeprägtes Hören angezeigt. Später, wenn Sie wissen, worum es genau geht, wird Ihr Sprechanteil dagegen überwiegen. Achten Sie insbesondere auf unsichere Gesprächspartner, diese werden besonders zurückhaltend sein. Binden Sie diese durch Fragen bewusst ein.

Gesprächsregeln beachten

Reduzieren Sie das Risiko von Überraschungen!

Im Rahmen vieler Beratungssituationen ist es erforderlich, auf bestimmte Informationen zurückzugreifen, die zur Beantwortung der auftretenden Fragen notwendig sind. Hier bewährt sich eine gute Organisation des Telefonarbeitsplatzes (vgl. Kapitel 8), um spontan und schnell reagieren zu können. Beratungen beziehen sich fast immer auf ähnliche Fragestellungen, sodass eine Nachbereitung einiger bereits geführter Gespräche schnell zeigt, was griffbereit liegen muss, um auf die nächste Anfrage vorbereitet zu sein.

Ein besonderer Punkt ist in diesem Fall die Vorbereitung auf wiederkehrende Fragen, auch solche, die man selber nicht beantworten kann. Sie sind gut beraten, wenn Sie auf zu erwartende und schwierige Fragen Antworten vorbereiten. Überraschungen gibt es auch dann noch genug. Deshalb sollten Sie auf das, was Sie eventuell erwartet, gelassen reagieren können.

Informieren Sie portionsweise!

Eine Unart vieler Beratungsgespräche besteht darin, dass man zu viele Informationen in viel zu kurzer Zeit erhält. Wenn man aber bedenkt, dass am Telefon gar keine Möglichkeit besteht, etwas zu zeigen oder zu demonstrieren, sondern dass das gesamte Verständnis über das Hörbare gelingen muss, wird verständlich, warum eine gute Beratung am Telefon besondere Anforderungen stellt.

Schritt für Schritt vorgehen

Portionieren Sie die Informationen. Geben Sie sie Schritt für Schritt weiter. Je komplexer die Materie, desto wichtiger ist das, und desto häufiger sollten Sie Pausen einbauen und zwischendurch nachfragen, ob das Gesagte bis dahin verständlich war oder ob Fragen aufgetreten sind.

Dieses Vorgehen schließt von vornherein aus, dass Sie am Ende bei einer Nachfrage noch einmal alles wiederholen müssen, weil Sie nicht wissen, wo genau Verständnisschwierigkeiten entstanden sind.

Beziehen Sie zusätzliche Sinne ein!

Beratung verständlicher machen

Vieles lässt sich leichter erklären, wenn man es direkt vor sich sieht oder es ausprobieren kann. Wenn Sie telefonieren, geht das jedoch nicht – oder doch? Vielleicht hat Ihr Gesprächspartner ein Faxgerät, sodass Sie ihm Zahlen, Skizzen oder Pläne zusenden können, um Ihre Beratung verständlicher zu machen? Vielleicht fragen Sie ja bereits, ob der Gesprächspartner das Gerät, das Sie ihm gerade erklären, genau so vor sich stehen hat wie Sie, damit Ihre Beschreibung verständlicher ist?

Nehmen Sie sich einmal Zeit, zu überlegen, welche Art von Beratungssituation Sie haben. Denken Sie darüber nach, wie jemand ohne jedes Hilfsmittel Ihre Beratung verstehen würde und überlegen Sie, was Sie unterstützend anbieten und sagen können, um die Defizite des Telefons auszugleichen.

Geduld mit den Anrufern!

Wer Beratung benötigt, der möchte etwas von Ihnen erfahren. Bedenken Sie, dass er mit Ihnen spricht, weil ihm Informationen fremd sind, die Ihnen dagegen sehr vertraut sind. Wenn man sich selber sehr gut in einer Sache auskennt, dann wird man rasch ungeduldig. Was Ihnen so einleuchtend erscheint, hört der Gesprächspartner aber vielleicht zum ersten Mal, deshalb braucht er Zeit, es zu verstehen.

Wer am Telefon berät, braucht deshalb Geduld, zuzuhören und aureden zu lassen. Denn Anrufer, die eine Frage stellen oder Ihre Probleme schildern möchten, erwarten dies von Ihnen, auch wenn Sie nach dem zweiten Wort ahnen, worum es geht. Und noch etwas: Wenn Sie häufiger den Eindruck haben, Ihre Gesprächspartner stellen sich bei einer bestimmten Sache sehr dumm an, dann sollten Sie in Betracht ziehen, dass Ihre Erklärung an der entsprechenden Stelle vielleicht missverständlich oder kompliziert ist. Probieren Sie etwas anderes aus.

Anregungen zur Kundenorientierung

In diesem Abschnitt fassen wir noch einmal konkrete Anregungen und Aspekte für Sie zusammen, die sich speziell auf das Thema Kundenorientierung beziehen.

Gesprächskompetenz

Die Gesprächseröffnung ist wichtig

Den Grad der Kundenorientierung erkennt man bereits bei der Gesprächseröffnung – dem ersten Eindruck. Berücksichtigen Sie daher, was zu einer vollständigen Ansprache des Kunden zählt (Kapitel 6).

Die Techniken, die in den Kapiteln 3 bis 5 vorgestellt wurden, helfen Ihnen, gezielter zuzuhören und entsprechend individueller auf Ihre Kunden zu reagieren. Zusätzlich können Sie positive Telefonrhetorik für eine angenehme Grundstimmung im Gespräch einsetzen (vgl. Kapitel 7).

Höflichkeit

Höflichkeit können Sie in vielen Kleinigkeiten zum Ausdruck bringen:

- Entschuldigen Sie sich für Unterbrechungen, die ein hereinkommender Kollege mit einer wichtigen Zwischenfrage verursacht.
- Vermindern Sie die Hintergrundgeräusche, die Ihr Gespräch stören.
- Kündigen Sie bereits zu Gesprächsbeginn an, wenn jemand das Gespräch mithört – nicht erst während oder nach dem Gespräch.
- Teilen Sie dem Gesprächspartner mit, wenn Sie derzeit Besuch in Ihrem Büro haben. Fragen Sie gegebenenfalls, ob Sie zurückrufen dürfen, bevor Sie fragen, wann Sie zurückrufen dürfen.
- Nehmen Sie sich für Ihre Gespräche und Ihre Kunden Zeit. Das Thema bestimmt den Zeitbedarf, nicht ein vorgegebenes Zeitkorsett.

Höflichkeit findet auch im Büro statt. Wie Sie Bürogespräche und Telefonate koordinieren, lässt erkennen, wie kundenorientiert Sie wirklich sind. Beachten Sie daher Folgendes:

- Lassen Sie sich in Gesprächen von Angesicht zu Angesicht nach Möglichkeit nicht durch das Telefon unterbrechen. Stellen Sie das Telefon um und sagen Sie dem anwesenden Gesprächspartner, dass Sie für die Dauer des Gesprächs nicht durch das Telefon gestört werden. Das schafft sofort ein vertrauensvolles Gesprächsklima.
- Wenn Sie das Telefon nicht umstellen können, dann kündigen Sie Ihrem Gesprächspartner bereits zu Gesprächsbeginn an, dass das Telefon sie während des Gesprächs unterbrechen könnte. Die Tatsache, dass Sie während eines Gesprächs ein Telefonat entgegennehmen müssen, ist für den Kunden einsichtig, wenn er erkennt, dass Sie die unvermeidbare Störung bedauern.
- Nehmen Sie das erste Gespräch nicht an. Warten Sie bis zum zweiten Anruf. Heben Sie den Hörer dann erst nach dem dritten oder vierten Klingeln ab. So demonstrieren Sie dem Kunden, wie wichtig er Ihnen ist.
- Entschuldigen Sie sich grundsätzlich, wenn Sie das Gespräch durch einen eingehenden Anruf unterbrechen und holen Sie sich symbolisch die Erlaubnis ein, den Hörer abzunehmen, um das Telefonat dazwischenzuschieben.

Telefonate bewusst zur Chefsache machen

Es geht nicht nur um die Qualität des Gesprächs, die Kompetenz und Höflichkeit, mit der ein Gespräch geführt wird, sondern auch darum, wer ein Gespräch führt. In kritischen Gesprächssituationen verlangen viele nach dem Geschäftsführer. Warum wohl? Weil er die Person ist, von der man erwartet, dass sie die größte Entscheidungskompetenz hat.

Was der Kunde in kritischen Situationen verlangt, kann das Unternehmen in günstigen Situationen auch freiwillig bieten – und zwar aus gutem Grund. Wenn der Vorgesetzte angenehme Mitteilungen selbst übermittelt, erfährt der Kunde unmittelbar, wie wichtig er ist. Dass Ihr Unternehmen so einen guten Eindruck hinterlässt, ist ein erfreulicher Nebeneffekt, den Sie nutzen und bewusst planen sollten.

Halten Sie die Reaktionszeiten kurz!

In unserer hektischen Zeit sind schnelle Reaktionen gefordert. Das gilt auch für das Telefon. Manchmal brauchen Ergebnisse zwar längere Zeit, als man sich selber das wünscht, aber dann können Sie vielleicht Zwischenberichte mitteilen und damit zeigen, dass Sie am Ball sind.

Wenn Sie am Telefon gezwungen sind, sich festzulegen, wann Sie zurückrufen, dann geben Sie bewusst einen etwas größeren Zeitraum an als erforderlich. Viele Menschen verfahren andersherum: Sie wissen, dass die Bearbeitung eine halbe Stunde dauern könnte und sagen, sie melden sich nach einer halben Stunde. Ein kleiner unvorhergesehener Zwischenfall verhindert dann, dass man das Versprechen einhalten kann. Gewöhnen Sie sich daher an, einen Zeitpuffer einzurechnen. Sie können dann vor der angegebenen Zeit anrufen, was Sie in ein besseres Licht stellt.

Angenehme Telefonate schaffen angenehme Erinnerungen

Wenn Sie mit Ihren Kunden telefonieren, kann es um erfreuliche und um weniger erfreuliche Themen gehen. Es gibt Personen, die sagen den Kunden: »Falls es Schwierigkeiten gibt, melde ich mich noch mal. Sonst können Sie davon ausgehen, dass alles gut gelaufen ist.« Andere sagen: »Ich melde mich auf jeden Fall bei Ihnen.« Was passiert in beiden Fällen? Im ersten Fall wird der Anrufer die Gelegenheit versäumen, eine gute Nachricht zu übermitteln. So etwas ist eine hervorragende Möglichkeit, den Kontakt zum Kunden zu stärken und positive Erfahrungen mit Ihnen zu verknüpfen. Im zweiten Fall wird der Anrufer diese Chance nutzen. Überlegen Sie daher konsequent, wie Sie die telefonischen Kontakte nutzen können, um positive Botschaften zu vermitteln.

Zeigen Sie sich einfühlsam

Wenn ein Kunde mehrfach weiterverbunden wird, wird das dazu führen, dass er auch Ihnen sein Anliegen erneut vortragen muss. Zeigen Sie sich in solch einem Fall einfühlsam. Sagen Sie, dass Sie sich vorstellen können, dass der Kunde sich bestimmt ärgert, betonen Sie, dass Sie jetzt weiterhelfen, entschuldigen Sie sich für die Wartezeiten, und bedanken Sie sich für das entgegengebrachte Verständnis.

Kapitel 10
Stressbewältigung für Vieltelefonierer

Umgang mit Stress

Was ist Stress?

Wenn wir umgangssprachlich von Stress sprechen, meinen wir in der Regel unangenehme und unerwünschte Folgen, die wir spüren, wenn wir im Berufs- und Privatleben störenden Einflüssen ausgesetzt sind. Manchmal treten diese Stressauslöser nur kurzfristig auf, zum Beispiel, wenn ein unzufriedener Kunde eine Reklamation hat. Andere Stressauslöser wirken langfristig und fortwährend, wie das dauernde Hintergrundklingeln mehrerer Telefone in einem Großraumbüro.

Stress wird unterschiedlich wahrgenommen

Hinzu kommt, dass einige schon von Stress sprechen, wo andere die Belastung nicht einmal wahrnehmen. Denken Sie etwa daran, dass einige Menschen sich viel leichter durch Nebengeräusche am Arbeitsplatz abgelenkt fühlen als andere.

Wenn das, was Stress auslöst, so vielfältig ist, wenn die Reaktionen auf äußerlich gleiche Situationen so verschieden sind, dann ist nahe liegend, dass auch der optimale Umgang mit Stress eine individuelle Angelegenheit ist. Man muss für sich persönlich herausfinden, was hilft.

Der Sinn der Stressreaktion

Haben Sie sich schon einmal überlegt, warum Sie in einigen Situationen all das erleben, was Sie dann zusammenfassend als Stress bezeichnen? Trockener Mund, Kloß im Hals, rasender Herzschlag, feuchte Hände, weiche Knie, all das sind körperliche Stressreaktionen. Und – man mag es kaum glauben – sie sind das Ergebnis sinnvoller und komplexer Prozesse, die sich in den Jahrtausenden der menschlichen Entwicklungsgeschichte ausgebildet und bewährt haben. Allerdings für Situationen und Gefahren, denen man am Telefonarbeitsplatz kaum ausgesetzt ist.

Vor Jahrtausenden galt: War der Kampf vorüber oder die Flucht gelungen, dann konnte der Vorfahre sich ausruhen. Der natürliche Reaktionszyklus des Organismus: *Mobilisierung des Körpers – Aktivierungsphase – Erholung* kam so zu einem sinnvollen Ende.

Die Stressauslöser unserer Arbeitswelt sind radikal anders. Insbesondere an Telefonarbeitsplätzen treten viele Stressoren geballt auf, die sich an durchschnittlichen Büroarbeitsplätzen nur vereinzelt finden:

- Parallel Schreibarbeit erledigen und Anrufe entgegennehmen.
- Wegen fehlender Information nur ungenaue Auskunft geben zu können.
- Unklare Zuständigkeiten macht die Weitervermittlung schwer.
- Häufige Irrläufer in der Leitung.
- Ausschließlich Problemfälle bearbeiten müssen.
- Zu wenig oder gar keine Pausen einbauen können.
- Ärger über Teamkollegen.
- Keine Ruhezone für ungestörte Schreibarbeiten.
- Zeitdruck, weil Sprech- und Wartezeiten beschränkt sind.
- Unklare Aufgabenverteilung.
- Man muss ständig »Umschalten«, sofort wissen, worum es geht.

Die wenigen Jahrzehnte, in denen wir mit diesen neuen Belastungen zu kämpfen haben, sind im Vergleich zur Entwicklungsgeschichte des Menschen völlig unbedeutend. Diese Zeit ist für den menschlichen Organismus viel zu gering, um sich anzupassen.

Während sich die Stressauslöser im Laufe der Jahrtausende verändert haben, ist unsere natürliche Reaktion auf Stress: Mobilisierung des Körpers – Aktivierungsphase – Erholung gleich geblieben. Konkurrenz am Arbeitsplatz, Dauerklingeln des Telefons, Zeitdruck, Verantwortung etc. treten aber nicht kurzzeitig auf, um dann wieder zu verschwinden, sondern sie bleiben oder lösen einander pausenlos ab. Die Möglichkeit, sich ausreichend zu erholen, entfällt. Deshalb ist ein ausgleichendes Stressmanagement von besonderer Bedeutung für Ihre Gesundheit.

Gezieltes Stressmanagement hält gesund

Stressauslöser im Beruf und im Privatleben

Man kann zwei Bereiche unterscheiden, in denen in erster Linie Stress auftritt. Zum einen ist das natürlich Ihr Arbeitsplatz und zum anderen Ihr Privatleben. Die Trennung ist einerseits sinnvoll, denn sie erlaubt es, jeden dieser beiden Bereiche gesondert zu analysieren, um herauszufinden, wo Sie schwerpunktmäßig zur Stressbewältigung ansetzen sollten.

Andererseits sind aber beide Bereiche miteinander verknüpft, denn wenn Sie Stress in einem Bereich erleben, dann hat das immer Auswirkungen im anderen Bereich. Im Idealfall kennen Sie folgende Situation: Nach einem schweren und stressreichen Arbeitstag kehren Sie zurück in Ihr privates Reich. Dort erholen Sie sich von den Mühen des Arbeitstages und tanken auf, um den Anforderungen Ihrer Arbeit gewachsen zu sein.

Leider sieht die Realität oft ganz anders aus: Nach einem stressreichen Arbeitstag kommen Sie erschöpft nach Hause. Sie wünschen sich etwas Erholung. Kaum sind Sie durch die Haustür getreten, erwartet Sie die zweite Hälfte des Alltags: die Kinder sind immer für eine Überraschung gut, die Nachbarn machen Ärger wegen des Gartens oder Ihr Wagen streikte schon bei der Heimfahrt und ein Anruf bei der Werkstatt lässt ahnen: Die anstehende Neuanschaffung wirft unerwartet finanzielle Fragen auf. Dass der Lebensgefährte sich beklagt, Sie wirkten in letzter Zeit häufig abwesend, können Sie dann natürlich nur zu gut nachvollziehen.

Das Zusammenspiel der Stressauslöser und Ihrer Reaktion in Berufsleben und Privatleben spielen also auf vielfältige und mitunter widersprüchliche Art und Weise zusammen.

- ❖ **Henne oder das Ei – was war zuerst?** Stressauslöser im Berufsleben und im Privatleben wirken aufeinander und miteinander, sodass am Ende die Übersicht verloren geht, man nicht mehr genau trennen kann, was denn nun eigentlich den Stress verursacht hat.

- **Man reagiert unterschiedlich.** Manchmal werden Sie erleben, dass Sie gestresst von der Arbeit nach Hause und nur langsam zur Ruhe kommen. In dieser Situation geht einem dann manches im Privatbereich auf die Nerven, was man an anderen Tagen großzügig übersehen hätte.
- **Der Gesprächspartner am Telefon wird zum unschuldigen Opfer.** Starke private Belastungen wirken am Arbeitsplatz nach, und dann liegen die Nerven schon nach dem zweiten unfreundlichen Anrufer oder dem dritten fehlgeschlagenen Akquiseanruf blank. Manchmal ist man dann selber über seine Reaktionen überrascht.
- **Stress als willkommene Betäubung.** Stress ist nicht nur belastend. Zu manchen Zeitpunkten erleben Menschen die Stressoren der Arbeit sogar als willkommene Ablenkung vom Ärger oder von den ungelösten Fragen, die zu Hause auf sie warten.

In den beiden folgenden Tabellen können Sie Ihre berufliche und private Situation analysieren, um Stressauslöser zu identifizieren. In der Tabelle zu den privaten Stressauslösern finden Sie zudem »Risikoverhalten« wie Rauchen und Alkoholkonsum, was die Wirkungen der Auslöser verstärkt.

Stressauslöser identifizieren

Gehen Sie folgendermaßen vor:

- Kennzeichnen Sie die Faktoren, die in Ihrer Stressbilanz auftreten und überlegen Sie, ob Sie die Listen um persönliche Faktoren ergänzen möchten. Die Listen sind so aufgebaut, dass Sie unter der Spalte »Häufigkeit« eintragen können, welcher Stressauslöser bei Ihnen gar nicht oder häufiger als andere auftritt.
- In der Spalte »Belastung« können Sie die Wichtigkeit, die der jeweilige Stressauslöser für Sie persönlich hat, zwischen 0 und 2 einstufen.
- In der Spalte »Gewicht« müssen Sie das errechnete Produkt aus der eingeschätzten Häufigkeit und der erlebten Belastung eintragen. Das wird später noch erläutert.

Bearbeiten Sie die Tabellen und versuchen Sie einen Eindruck zu bekommen, in welchem Bereich das Gewicht Ihrer Stressauslöser überwiegt. Nehmen Sie sich Zeit, zu überprüfen, wie die Stressauslöser im privaten Bereich mit den Auslösern im beruflichen Bereich zusammenspielen, um Wechselwirkungen zu erkennen.

Berufliche Stressoren	Häufigkeit			Belastung			Gewicht
	nie	manchmal	häufig				
	0	1	2	0	1	2	
Keine genaue Beschreibung der Arbeitsaufgabe							
Monotonie							
Lärm und Enge							
Fehlendes Fachwissen							
Ungenaue Informationen							
Fehlender Informationsfluss							
Hohe Verantwortung							
Überbelastung							
Beobachtung und Kontrolle							
Schlechte Raumausstattung (Möbel)							
Wechselnder Tagesablauf							
Fehlende Kontaktfreude							
Konflikte im gesamten Team							
Schwierigkeiten mit einzelnen Kollegen							
Viele Raucher							
Häufig wechselnde Kollegen							
Fehlende Pausenräume							
Unklare Zuständigkeiten							
Häufige Kritik an der Arbeit, kaum Lob							
Fehlende Hilfsbereitschaft							
Konkurrenz im Team							
Unsicherer Arbeitsplatz							
Fehlende Akzeptanz Ihrer Arbeit							
Schlechte technische Ausstattung							
Zu komplexe technische Ausstattung							
Unfallgefährdung							
Weg zur Arbeit (lange Fahrzeit, Berufsverkehr)							
Unrealistische Vorgaben							
Weitere persönliche Stressoren:							

Private Stressoren	Häufigkeit			Belastung			Gewicht
	nie	manchmal	häufig				
	0	1	2	0	1	2	
Ernährung							
Zufriedenheit mit dem Lebensstandard							
Partnerschaftsprobleme							
Probleme der Kinder							
Schlechte Wohnsituation							
Sexualleben							
Probleme des Partners (Gesundheit, Beruf)							
Bekannten- und Freundeskreis							
Trennungen (Freunde, Partner, Tod)							
Alkohol							
Rauchen							
Eigene Krankheit							
Familie akzeptiert die Arbeit nicht							
Medikamente und Medikamentenfolgen							
Soziale Verpflichtungen							
Familiäre Verpflichtungen							
Schlafmangel							
Konkurrenzdenken							
finanzielle Einschränkungen							
Ärger mit Umgebung (z.B. Nachbarn)							
Weitere persönliche Stressoren:							

Auswertung

Die Bewertung der Stressauslöser

Sie berechnen das Gewicht jedes Stressauslösers, indem Sie Häufigkeit mit der Belastung multiplizieren. Verfahren Sie so gleichermaßen bei den beruflichen und bei den privaten Stressauslösern:

Gewicht des Stressauslösers = Häufigkeit x Belastung

Sie können die Gewichte nun in die Listen eintragen und erhalten so einen sichtbaren Überblick, welche Stressauslöser bei Ihnen besonders relevant sind. Die Gegenüberstellung der Listen bietet sich an, um einen tieferen Einblick in Ihre aktuelle Situation zu bekommen. Nehmen Sie sich dazu etwas Zeit. Die folgenden Fragen sollen Sie unterstützen:

- ❖ Gibt es Stressauslöser, die Ihnen besonders auffallen?
- ❖ Haben Sie eher viele verschiedene Stressoren mit geringen Gewichten oder eher wenige, die Sie stark belasten?
- ❖ Auf welche Stressauslöser zielen Ihre bisherigen Methoden, dem Stress zu begegnen? Vernachlässigen Sie andere?
- ❖ Welche Stressauslöser haben Sie bisher zu wenig beachtet?
- ❖ Wie verstärken Sie bisher durch Ihr Verhalten die belastende Wirkung der Stressauslöser?
- ❖ Überwiegen die beruflichen oder die privaten Stressauslöser im Gesamtgewicht?
- ❖ Können Sie erkennen, ob private Stressauslöser bestimmte berufliche Stressauslöser mitbedingen? Und umgekehrt?

Das Ergebnis gibt Ihnen deutliche Hinweise, wo genau Sie ansetzen können, um Ihre Stressbilanz zu verbessern. Das wird nicht immer leicht ein, aber später lernen Sie noch einige Möglichkeiten kennen, aus denen Sie das passende auswählen können.

Ihre persönliche Stressbilanz

Sie haben nun einen genauen Eindruck gewonnen, welche Faktoren in Ihrem beruflichen und welche in Ihrem privaten Umfeld Stress verursachen.

Sowohl in Ihrem Beruf als auch in Ihrem Privatleben gibt es aber Faktoren, die Ihnen helfen, wieder aufzutanken und neue Energie zu schöpfen. Die Gesellschaft netter Menschen, das entspannende Hobby, eine sportliche Aktivität, all das sind Beispiele solcher Stationen, an denen Sie Ihre Energiezellen wieder auffrischen. Paradoxerweise sind es zu anderen Zeiten manchmal genau diese Situationen, die den Stress verursachen: etwa, wenn die Gesellschaft der Menschen Konkurrenzen schürt, das Hobby Termindruck verursacht oder beim Sport Rivalitäten entstehen. Es sind die Kleinigkeiten, Alltäglichkeiten, die zur Entspannung und Erholung beitragen, die aber gerade in stressreichen Phasen zu kurz kommen. Man muss sie sich stets bewusst machen, um ihre erholsame Wirkung zu nutzen.

Energiezellen wieder auftanken

> **Übung**
>
> Wenn die Belastung besonders hoch ist, ist es wichtig, alltägliche Erholung gezielt einzuplanen. Lassen Sie sich von der folgenden Liste anregen, erholsame Gewohnheiten aufzubauen, die Sie relativ problemlos und regelmäßig in Ihren Alltag integrieren können.
>
> - Spazierengehen
> - Musik hören
> - Saunabesuch
> - Essen gehen
> - Baden
> - Körperpflege
> - Gartenarbeit
> - Alte Hobbys wiederbeleben
> - Einen Roman lesen
> - Freunde anrufen
> - Theater-, Museum-, Konzert-, Kinobesuch
> - Bewusst Faulenzen
> - Freunde oder Bekannte besuchen
> - Kosmetikerin
> - Massage
> - Etwas Humorvolles lesen oder eine Komödie ansehen

Die Rolle der Persönlichkeit bei der Stressentstehung und Stressbewältigung

Bei der Beschäftigung mit den Stressauslösern wurden Sie aufgefordert, die »Häufigkeit« und die »Belastung« der einzelnen Stressoren einzuschätzen. Damit haben Sie Ihre individuelle Stress-Bilanz erstellt. Sie haben entschieden, welches Gewicht Sie den unterschiedlichen Stressauslösern geben.

Individuelle Unterschiede führen dazu, dass zwei Menschen ein und dieselbe Situation, und damit auch ein und denselben Stressor unterschiedlich belastend erleben. Machen Sie einfach ein Experiment: Geben Sie diese Tabellen mit den Stressauslösern einem Kollegen zur Bearbeitung und vergleichen Sie die Ergebnisse. Wahrscheinlich wird sein Ergebnis ganz anders ausfallen, selbst wenn Ihre Arbeitsplätze beinahe identisch sind.

Das zeigt, dass die eigene Persönlichkeit einen entscheidenden vermittelnden Einfluss hat, wie stark Sie oder andere auf die objektiv beobachtbaren Stressauslöser reagieren. Es ist also nicht die Situation an sich, die den Stress auslöst, sondern die persönliche Bewertung der Situation ist entscheidend. Gerade deshalb können einige noch gelassen bleiben, wo andere bereits fahrig werden und Schweißausbrüche bekommen.

Einstellungen

In den vorangegangenen Kapiteln, in denen Sie sich mit Ihrem inneren Selbstdialog vertraut gemacht haben, konnten Sie sich bereits von der Wirkung des Denkens auf das Verhalten überzeugen. Einstellungen sind die Denkmuster, die Sie sich im Laufe Ihrer Entwicklung angeeignet haben und die nunmehr fester Bestandteil Ihrer Persönlichkeit sind. Diese Denkmuster sind zu einem großen Teil unbewusst und können nach und nach zugänglich gemacht und hinterfragt werden. Als Teil Ihrer Persönlichkeit verstärken oder dämpfen diese Einstellungen die Wirkung der Stressauslöser.

Denkmuster beeinflussen die Stressoren

Es lohnt, die eigenen Denkmuster einmal genauer zu betrachten, um zu erkunden, ob sie dazu beitragen, mit den Stressbelastungen besser fertig zu werden, oder ob sie genau das Gegenteil bewirken.

Der amerikanische Therapeut Albert Ellis hat sich ausführlich damit beschäftigt, wie wir Menschen uns durch unrealistische Vorstellungen und Erwartungen das Leben schwerer machen, als es eigentlich nötig ist. Er identifizierte ungünstige und günstige Einstellungen, die er bei seinen Klienten immer wieder beobachten konnte. Einige dieser Einstellungen folgen nun:

Unrealistische Vorstellungen erschweren das Leben

- **Es ist eine unrealistische Erwartung, dass man von allen Menschen, mit denen man beruflich zu tun hat, geliebt wird und von allen Zustimmung bekommt.**
  Zweifelsfrei wäre es für einige Menschen wünschenswert, von jedem geliebt und unterstützt zu werden. Dieser Wunsch ist aber unrealistisch und kann nicht erfüllt werden, wenn er zur absoluten Forderung wird. Realistischer ist es, sich zu bemühen, Zustimmung und Anerkennung zu erhalten, gleichzeitig aber zu akzeptieren, dass dies trotz Bemühung nicht bei jedem Menschen gelingen wird.

- **Manche Dinge sind nicht so, wie Sie sie haben wollen. Ändern Sie die Bedingungen, die in Ihrer Kontrolle liegen und die wandelbar sind. Was sich nicht verändern lässt, das sollten Sie vorübergehend akzeptieren.**
  Stellen Sie sich den Anforderungen, mit denen Sie umgehen müssen. Einige Bedingungen, die zu unerwünschten Ergebnissen führen, lassen sich vielleicht verändern. Überprüfen Sie dies, denn dort lohnt sich der Einsatz. Wenn die Bedingungen aber außerhalb Ihrer Kontrolle liegen, dann sollten Sie akzeptieren, dass Sie diese nicht abändern können. Sie können ja überlegen, wie Sie eventuell langfristig eine Verbesserung herbeiführen können.

- **Dingen, die ungewiss, unvorhersehbar und beängstigend sind, sollte man ins Auge sehen und aktiv werden, statt sich selbst zu lähmen.**
  Viele Menschen lähmen sich selbst durch Fantasien, Ängste und Vorstellungen, die sie mit einer ungewissen Situation verknüpfen. Dies führt nur dazu, dass man sich noch schlechter fühlt und dennoch nichts an der Situation geändert hat. Schauen Sie daher der Realität ins Auge und unternehmen Sie notwendige Schritte, auch wenn sie klein sind.

- **Menschen sind unvollkommene Wesen. Sie haben Schwächen und Grenzen. Sie machen Fehler.**
  Weder Sie noch die Personen, mit denen Sie zu tun haben, sind perfekt. Deshalb werden Sie auch immer Dinge tun und erleben, die man anders hätte machen können, sollen oder müssen. Arbeiten Sie an sich, aber akzeptieren Sie sich und andere als unvollkommene Wesen.

- **Perfekte Lösungen und perfekte Kontrolle sind vielleicht wünschenswert, aber eher selten möglich. Der Zufall spielt eine wichtige Rolle.**
  Für manche Menschen ist es wünschenswert, die Dinge kontrollierbar, vorhersehbar und berechenbar zu haben. Die Welt zeigt uns immer wieder, dass Kontrolle und Steuerung nur begrenzt möglich sind. Gut und böse ist nicht eindeutig trennbar. Dinge passieren unvorgesehen und allen Vorkehrungen zum Trotz. Dennoch kann man das Leben genießen.
- **Akzeptieren Sie, dass die Welt oft nicht fair und nicht gerecht ist.**
  Im Film mag es zwar so sein, aber die reale tägliche Erfahrung zeigt, dass die Guten nicht immer über die Bösen triumphieren. Das ist bedauernswert und ungerecht. Allerdings wäre es töricht, anzunehmen, dass die Welt nur durch den Wunsch, sie möge anders sein, auch anders wird. Selbst wenn man sich dafür einsetzt, eine bessere Welt zu schaffen, ist sie dadurch noch nicht besser.
- **Man kann Dinge aushalten, auch wenn sie einem nicht gefallen.**
  Einige Menschen stecken die Grenze, wann etwas für sie zur Katastrophe wird, sehr eng. Vieles, was einem im Berufsleben widerfährt, ist unangenehm, manchmal sogar schrecklich. Aber es ist nicht unerträglich. Man kann und wird überleben, auch wenn einem Schlimmes widerfährt.
- **Lernen Sie aus den Erfahrungen, statt sich an sie zu klammern.**
  Die Vergangenheit hat Einfluss auf Ihre Gegenwart, aber das heißt nicht, dass Sie von Ihrer Vergangenheit bestimmt und ihr auf immer ausgeliefert sind. Setzen Sie sich mit Ihren Erfahrungen auseinander und lernen Sie daraus, statt sie als gegeben und fremdbestimmt hinzunehmen.

Vergleichen Sie diese Gedanken mit Ihren eigenen Denkmustern. Die Übernahme dieser Einstellungen sollten Sie aber nicht ungeprüft vornehmen. Testen Sie sie! Lassen Sie sich von ihrer Wirksamkeit überzeugen, um die Stresssituationen, die Sie bislang immer wieder erlebten, einmal aus einer anderen Perspektive zu betrachten. Die Erfahrung zeigt, dass die gezeigten Einstellungen geeignet sind, der Welt mit ihren unvermeidlichen Beschränkungen und Ungerechtigkeiten gelassener entgegenzutreten.

Gedanken, die auf eine grundlegende Akzeptanz des Gesprächspartners zielen, die lösungsorientiert sind und die die eigenen Fähigkeiten würdigen, sind nicht nur hervorragend geeignet, in schwierigen Situationen am Telefon flexibel zu bleiben. Sie sind auch auf andere Situationen am Arbeitsplatz und im Berufsleben übertragbar, in denen Sie bewusst Kontrolle übernehmen wollen, um besser mit der Situation umgehen zu können.

Erlernte Verhaltensstrategien

Im günstigen Fall bewirken die Gewohnheiten, die Sie in der Vergangenheit ausgebildet haben, dass Ihr erlebter Stress nachlässt. Im ungünstigen Fall bewirken Ihre Verhaltensstrategien aber genau wie ungünstige Einstellungen das Gegenteil. Nehmen wir ein *Beispiel*:

> *Herr Kühnel arbeitet noch nicht sehr lange in der Telefonvermittlung. Zu manchen Tageszeiten stauen sich die Anrufer in der Warteschleife. Herr Kühnel weiß, dass die Anrufer aber gerne schnell verbunden werden wollen und hat folgende Verhaltensstrategie gebildet: Wenn er den richtigen Ansprechpartner für den Anrufer nicht sofort erkennt, vermittelt er erst einmal in eines der Abteilungssekretariate weiter, von denen er glaubt, dass diese weiterhelfen könnten. Dann ist er den Anrufer schnell los und kann so die Wartezeiten verringern.*
>
> *Diese Strategie führt dazu, dass seine Kollegen in den Sekretariaten häufig Anrufe erhalten, die sie nicht betreffen und die sie deshalb nochmals weiterleiten müssen. Da sie den Eindruck gewinnen, Herrn Kühnels Arbeit zu erledigen, sind sie ihm nicht besonders wohlgesonnen. Außerdem landen die vorschnell weitergeleiteten Anrufer wieder bei Herrn Kühnel und reagieren entsprechend sauer.*

Dieses Beispiel zeigt, wie eine ungünstige Verhaltensstrategie zur Verschlimmerung der Situation beiträgt, indem sie die Zahl und die Qualität der stressverursachenden Faktoren verändert.

Es ist häufig der Fall, dass Menschen durch Ihr Verhalten, meist durch eingeschliffene Angewohnheiten, die Belastungen oder die Folgewirkungen des Stresses noch verstärken. Beobachten kann man das auch an ungesunden Ernährungsgewohnheiten, oder daran, dass Menschen Ihr Verhalten trotz wiederholt schlechter Erfahrung nicht verändern.

Einstellungen und Verhaltensgewohnheiten sind miteinander verknüpft. Beide beeinflussen einander. Da sie sich im Laufe des Lebens ausgebildet haben, existieren sie meist schon lange. Um sie zu verändern, muss dann zuerst einmal ihr

Nutzen erkannt und infrage gestellt werden. Da beide aufeinander wirken, kann man mit der Arbeit an den Einstellungen beginnen. Man kann aber auch gezielt wirkungsvolle Gewohnheiten aufbauen.

Die Veränderungen von persönlichen Denkmustern haben meist direkten Einfluss auf mehrere Verhaltensweisen, in denen sie sich spiegeln. Wenn Sie feststellen, dass Sie Schwierigkeiten haben, ein bestimmtes Verhalten aufzubauen, und immer wieder in alte Gewohnheiten zurückfallen, dann sollten Sie überprüfen, welche Einstellungen es scheinbar erforderlich machen, dieses Verhalten beizubehalten.

In den folgenden Abschnitten lernen Sie nützliche Verhaltensstrategien kennen, die Sie am Arbeitsplatz und zu Hause einsetzen können, um gelassener auf Belastungen zu reagieren.

Übung

Überlegen Sie einmal, durch welche Verhaltensweisen am Telefon Sie den erlebten Stress mitverursachen oder verstärken.

Sind es eher Verhaltensweisen, die damit zu tun haben, dass Sie Gesprächspartner schwer einschätzen können? Dann helfen Ihnen die Anregungen aus Kapitel 3-5.

Sind es eher Verhaltensweisen, die die Organisation der Arbeit betreffen? Dazu erhalten Sie Tipps in Kapitel 8.

Sind es eher Verhaltensweisen, die damit zu tun haben, dass Sie nicht abschalten können, Ihnen häufig die Konzentration fehlt? Dazu erfahren Sie in diesem Kapitel noch mehr.

Die körperliche und seelische Verfassung

Auch Ihre körperliche und Ihre seelische Verfassung nimmt Einfluss auf die komplizierten Zusammenhänge, die Ihr Stresserleben bestimmen.

Gesunde Ernährung und körperliche Fitness

Wer sich gesund ernährt und für körperliche Fitness sorgt, der stärkt seine körperlichen Abwehrkräfte. Da Stress kurzfristig immer eine Schwächung des Organismus bewirkt, ist die körperliche Anfälligkeit dann besonders hoch, wenn bereits Schwachpunkte existieren. Stärken sie deshalb vorbeugend Ihren Körper durch eine vollwertige, vitaminreiche, und frische Ernährung. Das schließt Abwechslung und Genuss durchaus mit ein.

Unterstützen Sie darüber hinaus Ihre Abwehrfunktionen durch angemessene sportliche Aktivitäten. Das kann vom regelmäßigen Spazierengehen bis zum Vereinssport reichen. Untersuchungen zeigen, dass durch Sport nicht nur die Kondition verbessert oder die Muskeln aufgebaut werden, sondern gleichzeitig die Stimmung positiv beeinflusst wird.

Vergessen Sie bei alledem nicht, es sich regelmäßig gutgehen zu lassen. Genießen ist das Schlagwort, das dies beschreibt. Genuss sollte nicht mit Konsum verwechselt werden. Es gibt einige Aspekte, die Sie beachten können, um wirklich zu genießen. Lutz und Koppenhöfer (1983) haben dazu einige Anregungen gegeben, die hier zusammengefasst werden.

> **Genuss hängt nicht vom Zufall ab**
> Genießen ist ein bewusster Vorgang. Es setzt voraus, dass man die Entscheidung trifft, zu genießen und sich dies auch mit gutem Gewissen zugesteht. Häufig widerspricht das eigenen Vorstellungen vom Leben. Aber: Es gibt keinen Anlass für das Genießen, wenn man ihn sich nicht selber gibt.
>
> **Genuss braucht Muße**
> Man kann nicht schnell genießen. Genuss entfaltet sich nur in der dazu erforderlichen entspannten Atmosphäre. Befreien Sie sich zum Genießen vom Diktat der Zeit. Nehmen Sie sich die erforderlichen Freiräume.
>
> **Genuss fordert Ihre Aufmerksamkeit**
> Auch dass man so ganz nebenbei genießen kann, ist einen Illusion. Genuss setzt Ihre volle Aufmerksamkeit voraus. Schalten Sie Ablenkung aus und genießen Sie mit der vollen Aufmerksamkeit.
>
> **Genuss ist etwas Sinnliches**
> Sie erleben die Welt mit Ihren fünf Sinnen. Die Frage ist jedoch, wie viele Sinne Sie beim Genießen überhaupt eingeschaltet haben. Entspanntes und aufmerksames Genießen eröffnet den Zugang zum vollen sinnlichen Wahrnehmen. Das macht das Erleben noch reicher.
>
> **Genuss ist individuell**
> Was dem einen Genuss ist dem andern Verdruss. Finden Sie Ihren persönlichen Genuss. Lassen Sie sich von anderen inspirieren, aber urteilen Sie selbst, was Ihnen wann persönlich den größten Genuss gibt.
>
> **Genuss ist doppelt maßvoll**
> Einerseits liegt der wahre Genuss oft im Alltäglichen. Andererseits ist gerade die bewusste Begrenzung das, was Genuss von haltlosem Konsum unterscheidet. Entdecken Sie den Genuss an dem scheinbar Normalen, indem Sie Ihre Wahrnehmung öffnen für die Qualitäten, die Sie täglich umgeben. Beschränkung ist das, was Ihre innere Stimme zu gegebenem Zeitpunkt anmahnt, und was auf die entscheidende Grenze zwischen Genuss und Konsum hinweist.

Strategien gegen den Stress

Tipps für den Arbeitsplatz

Kontrollerleben

Untersuchungen haben gezeigt, dass Personen mit Stress besser umgehen können, wenn Sie sich vorbereiten konnten. Vorbereitung bedeutet höhere Kontrolle und stärkt das Selbstbewusstsein. Kontrolle können sie erhöhen, indem Sie aktiv werden und Missstände bewusst angehen.

Gezielte Informationssuche

An vielen Telefonarbeitsplätzen benötigt man spezielle Informationen. Häufig sind diese in der gewünschten Form nicht zugriffsbereit. Sorgen Sie für sich selbst, indem Sie sich Informationen eigenverantwortlich beschaffen, die Sie für Ihre Arbeit benötigen.

Pausenzeiten

Nutzen Sie die Möglichkeit, in Pausen Abstand von Ihrer Arbeit zu gewinnen. Insbesondere offene Telefonarbeitsplätze weisen einen permanenten Lärmpegel auf, der auf Dauer die Konzentration beeinträchtigt. Wenn für die Pause keine geräuscharme Rückzugmöglichkeit besteht, dann schalten Sie bei einem Spaziergang ab.

Gedanken lenken

Ein Foto der Familie oder eines geliebten Menschen, ein Souvenir eines schönen Urlaubs, ein Bild, ein Andenken an eine angenehme Erfahrung, all das lenkt die Aufmerksamkeit auf etwas Entspannendes und Aufbauendes. Das bietet zwischendurch kurze Rückzugmöglichkeiten.

Ruhebild

Viele Entspannungsverfahren arbeiten unterstützend mit einem Ruhebild. Das ist ein Fantasiebild einer sehr entspannenden Situation. Als Beispiel können Sie sich eine Südseeinsel mit azurblauem Himmel, Palmenstrand und Sonnenschein vorstellen. Man kann ein solches Bild, das häufig von selbst eine körperliche Entspannung initiiert, mit einer tiefen körperlichen Entspannung kombinieren. Bei Bedarf lässt sich dieses Ruhebild und die damit gekoppelte körperliche Entspannung abrufen. Auf Seite 203 lernen Sie eine leicht erlernbare Entspannungstechnik kennen, in der Sie Ihr Ruhebild einsetzen können.

Soziales Netzwerk

Wer sich darum bemüht, sein soziales Netz am Arbeitsplatz auszuweiten, der sorgt auf vielfältige Weise für sich. Je mehr Menschen Sie kennen, desto größer sind die Möglichkeiten, diese bei Bedarf um Rat zu fragen. Emotionale Unterstützung finden die meisten bei guten Freunden. Häufig braucht man aber Wissen und Information. Vielfältige Kontakte bieten unterschiedlichste Möglichkeiten, gezielt Rat oder Unterstützung zu erhalten. Das schafft Gelassenheit, weil man weiß, dieser oder jener Kollege könnte weiterhelfen. Andererseits wächst mit der Größe des sozialen Netzes die Zahl, Aktualität und Vielfältigkeit der Informationen.

Tipps für das Privatleben

Im Privatbereich und in der Freizeit haben Sie vergleichsweise hohen Einfluss darauf, welche Belastungsfaktoren Sie bewusst vermeiden wollen. Entwickeln Sie das Selbstbewusstsein in den Momenten, in denen der soziale Druck sehr hoch ist (zum Beispiel in der Freizeit unter Freunden), darauf zu achten und zu hören, was Ihnen guttut.

Rituale, um Abstand zu gewinnen

Nutzen Sie Rituale, die es Ihnen erleichtern, Distanz von der Belastung zu gewinnen. Viele nutzen den Weg zur Arbeit bewusst, um den Arbeitstag noch einmal zu durchdenken. Wenn sie dann zu Hause ankommen, fällt es ihnen leichter, abzuschalten. Genauso kann man den Weg zur Arbeit oder Spaziergänge nutzen, um sich gedanklich vorzubereiten. Ein kurzes Nickerchen, einfache Aufräumarbeiten oder Sport bieten auch die Möglichkeit, nach der Arbeit erst einmal »anzukommen« und sich auf die Freizeit einzustimmen. Spülen, gemeinsames Kochen oder Einkaufen sind Beispiele für solche Rituale.

Privatleben als Puffer

Die bewusste Gestaltung des Privatlebens als wichtige schützenswerte Oase stellt eine grundlegende Strategie dar. Bedenken Sie, dass Sie ihren privaten Bereich und Ihre Freizeit selbst planen und gestalten können. Mehr Freiheiten als hier haben Sie nicht.

Ein kurzes Nickerchen

Die Unternehmen haben noch nicht erkannt, wie positiv sich ein kurzes Nickerchen auf die Produktivität auswirkt. Aber jeder hat es schon erfahren, dass man sich nach einem Kurzschlaf von 15 bis maximal 30 Minuten erfrischt und munter fühlt. Wenn Sie müde nach Hause kommen, gönnen Sie sich ein solches Nickerchen, um neue Energie für die Freizeit zu schöpfen. Achten Sie aber darauf, dass Sie nicht einschlafen und den Zeitrahmen überschreiten, sonst stellt sich diese positive Wirkung nicht ein.

Kleidung wechseln

Ziehen Sie sich nach der Arbeit bewusst um. Machen Sie mit einem Kleiderwechsel nach der Arbeit einen erkennbaren und fühlbaren Schnitt zwischen Beruf und Freizeit. Die so vollzogene äußerliche Trennung erleichtert es auch, innerlich Abstand zu gewinnen und sich auf Neues einzulassen.

Partnerschaft

Untersuchungen haben den wichtigen gesundheitsfördernden Beitrag guter Beziehungen nachgewiesen. Partnerschaften erfordern aber eine stetige Arbeit an der Zweisamkeit, da sie in ständigem Wandel begriffen sind. Sorgen Sie für Ihre Partnerschaft, damit es ein Quell bleibt, aus dem Sie schöpfen können.

Abreaktion

Wenn man den wesentlichen Teil seiner Arbeitszeit im Sitzen verbringt und immer wieder schwierige Telefonate führen muss, in denen das Dauerlächeln gefordert ist, dann tut es gut, sich nach der Arbeit körperlich zu verausgaben, um den Kopf frei zu bekommen. Sport bietet sich dazu an und wirkt über den unmittelbaren Nutzen der Abreaktion positiv auf Fitness, Stimmung und Selbstwert. Beachten Sie gegebenenfalls eine professionelle Betreuung.

Soziale Kontakte außerhalb der Familie

Im privaten Bereich profitieren Sie, die anderen und Ihre Familie davon, wenn Sie Ihre sozialen Kontakte über die familiären Grenzen hinaus ausdehnen. Freunde bieten in belastenden Lebenssituationen emotionale Unterstützung, Rat und Ablenkung, oder sie stehen auch einmal tatkräftig zur Seite. Das entlastet Sie nicht nur selbst, sondern auch die Personen in Ihrem engsten Umfeld. Außerdem hat jeder schon erlebt, dass man einen guten Rat vom besten Freund leichter annehmen kann als vom Lebenspartner.

Selbstwertsteigernde Maßnahmen

Hobbys und Freizeitbeschäftigungen lenken die Aufmerksamkeit auf Themen, die einem Freude bereiten. Und wer sich über Jahre hinweg mit einem bestimmten Hobby beschäftigt, viele Erfahrungen sammelt und Wissen aufbaut, der profitiert noch in anderer Hinsicht. In Gesprächen mit Gleichgesinnten stellt man zum Beispiel plötzlich selbstbewusst und mit Stolz fest, dass man zu einem richtigen Experten geworden ist.

Auszeiten festlegen

Der Übergang vom Berufsleben verläuft oft nahtlos. Kaum hat man die Schwelle zum trauten Heim überschritten, nehmen einen die Anforderungen und Zwänge des Alltags ein. Das geht häufig rascher als man es sich wünscht. Das sollte man sich bewusst machen. Legen Sie deshalb feste Auszeiten – Termine mit sich selbst – fest. Man kann solche Zeitinseln, in denen man zu sich findet, einplanen, wenn man sie mit der Familie abstimmt und den gemeinsamen Nutzen für alle erklärt.

Entspannungsverfahren erlernen

Der besondere Wert von Entspannungsverfahren ist vielfach bewiesen. Wenn Sie ein Entspannungsverfahren beherrschen, dann können Sie in belastenden Situationen gelassener bleiben und sich danach rascher wieder erholen. Sie werden eine gelassenere Grundeinstellung bekommen und zahlreiche Situationen bereits entspannter angehen. Lassen Sie sich bei der Wahl des passenden Entspannungsverfahrens von Ihrem Interesse leiten, aber bringen Sie etwas Geduld zum Lernen mit. Die Vielzahl der angebotenen Verfahren wie autogenes Training, Yoga, progressive Muskelentspannung, Meditation etc. bieten jedem Geschmack etwas.

Beispiel: Entspannungsfantasie

Regelmäßig üben

Das folgende Entspannungsverfahren fasst die wirksamen und leicht umsetzbaren Bestandteile vieler verschiedener Verfahren zusammen. Es ist leicht erlernbar. Üben Sie es regelmäßig über einige Wochen, am besten, wenn sie ungestört sind. Sie werden feststellen, dass Sie immer schneller und tiefer entspannen können.

Vorbereitung: Bevor Sie beginnen, sollten Sie sich ein Ruhebild suchen. Ein Ruhebild ist ein inneres Bild von einer erinnerten oder vorgestellten Situation, die Sie als sehr angenehm erleben. Wenn Sie Ihre Augen schließen und sich auf dieses Bild konzentrieren, dann stellt sich fast automatisch ein wohliges Gefühl ein. Lassen Sie sich Zeit, um zunächst einige Bilder zu suchen, bevor Sie sich auf das wirkungsvollste Bild festlegen. Urlaubserinnerungen und Naturbilder werden häufig gewählt.

Schaffen Sie einige Rahmenbedingungen, die den raschen Lernerfolg sicherstellen:

- ❖ Treffen Sie Vorkehrungen, damit Sie ungestört üben können.
- ❖ Lüften sie den Raum vor der Übung frisch und sorgen Sie für eine angenehme Temperatur. Wenn Sie Entspannungsmusik besitzen, dann prüfen Sie, ob Sie Ihnen hilft, tiefer zu entspannen.
- ❖ Ein Wecker oder eine Eieruhr verhindern, dass Sie einschlafen. Sie brauchen die Übung nicht länger als fünf Minuten durchzuführen.

Durchführung der Entspannungsfantasie

Schritt 1: Ruheposition
Wählen Sie Ihre Ruheposition: Sie können liegen oder sitzen. Wenn Sie sich entscheiden, während der Übung zu liegen, dann achten Sie darauf, dass Ihre Arme und Beine nicht abgeknickt oder verschränkt sind. Wenn Sie die Übung im Sitzen durchführen, dann wählen Sie die Droschkenkutscherhaltung. Dazu sitzen Sie auf dem Stuhl mit den Knien im rechten Winkel zur Sitzfläche. Beide Beine stehen fest auf dem Boden. Der Oberkörper ist locker aufgerichtet, der Kopf leicht nach vorne gebeugt.

Schritt 2: Ruhebild
Erinnern Sie sich nun an Ihr Ruhebild. Betrachten Sie es eingehend und genießen Sie die entspannende körperliche Wirkung. Konzentrieren Sie sich auf Ihre körperliche Schwere.

Schritt 3: Atem fließen lassen
Verfolgen Sie parallel das ruhige Ein- und Ausfließen Ihres Atems. Beobachten und spüren Sie den ein- und ausströmenden Atem, ganz ohne ihn beeinflussen zu wollen.

Schritt 4: Mantra
Sprechen Sie innerlich ein Mantra. Ein Wort oder einen Satz, das bzw. den Sie stetig und fließend wiederholen. Dazu eignen sich beispielsweise folgende Formeln, die Ihnen die Konzentration auf die Entspannung erleichtern: »Ich bin ganz entspannt.«, »Mich durchströmt eine wohlige Entspannung.« oder »Ich entspanne mich tiefer und tiefer.«

Schritt 5: Gedankenwolken
Lassen Sie Gedanken zu. Die aufkommenden Gedanken haben ihre Berechtigung. Statt sich mit Ihnen zu beschäftigen oder sie festhalten zu wollen, verfolgen Sie ihr Auftreten und Vorüberziehen wie ein Beobachter. Stellen Sie sich vor, es sind Wolken, die kommen und gehen.

Führen Sie die Schritte in der angegebenen Reihenfolge durch. Üben Sie die Entspannungsfantasie einige Wochen regelmäßig.

Schlusswort

In den Kapiteln dieses Buches wurden die entscheidenden Fassetten angesprochen, die Ihnen den professionelleren Einsatz des Telefons ermöglichen. Ich bin sicher, dass Ihnen das Kapitel für Kapitel auf eine besondere Weise gelingt.

Wollen Sie die Vielfalt der Anregungen, die in den einzelnen Kapiteln besprochen wurden, in der Praxis umsetzen, dann sollten Sie einige Punkte beachten, die Ihnen helfen, die Zahl der Erfolgserlebnisse zu erhöhen:

- ❖ Nehmen Sie das Buch von Zeit zu Zeit in die Hand und blättern es durch, um die Inhalte wieder aufzufrischen. Beim durchblättern stellen Sie schnell fest, was Sie noch einmal nachlesen sollten.
- ❖ Nehmen Sie sich für das Training der einzelnen Kapitel ausreichend Zeit. Wiederholen Sie die Übungen, um von ihnen zu profitieren. Sie werden Ihnen helfen, die Brücke vom »Ich weiß es« zum »Ich mache es« zu schlagen.
- ❖ Vertiefen Sie Ihr Wissen, indem Sie sich nach einigen Wochen erneut mit den Inhalten eines Kapitels beschäftigen. Machen Sie sich dazu eine Kalendernotiz, die Sie zu gegebener Zeit erinnert.
- ❖ Lassen Sie sich von Ihrer Motivation leiten und gehen Sie die Themen in der Reihenfolge an, die Ihnen den größten unmittelbaren Vorteil verspricht.
- ❖ Probieren Sie neue Verhaltensweisen erst in Situationen aus, die Ihnen unverfänglich erscheinen. Dies sind häufig Telefongespräche im privaten Bereich. So sorgen Sie für Erfolgserlebnisse.

Dieses Buch beschäftigt sich weder mit der Technik der verschiedenen Telefone noch mit spezifischem Fachwissen, das Sie für Ihre Arbeit benötigen. Es ging um ein übergreifendes und vielleicht entscheidenderes Wissen für die Arbeit am Telefon. Es ging darum, Ihre spezifisch menschlichen Kompetenzen des Telefonierens zu trainieren und zu optimieren. Die Technik kann zwar bereits viel, aber gut telefonieren können bisher nur Menschen. Sorgen Sie dafür, dass es so bleibt.